赢在论文

演讲篇

原　著　［英］Edward Zanders　Lindsay MacLeod
主　审　陈永平
主　译　郑明华
副主译　金　楚　潘夏蕙
译　者（按姓名汉语拼音顺序排列）
金　楚　温州医科大学
林　凤　温州医科大学附属第一医院
李　钰　温州市第三人民医院
潘夏蕙　温州医科大学附属第二医院
施可庆　温州医科大学附属第一医院
尤　捷　温州医科大学附属第一医院
郑明华　温州医科大学附属第一医院

中国协和医科大学出版社

图书在版编目（CIP）数据

赢在论文. 演讲篇 /（英）桑德斯（Zanders，E.），（英）麦克劳德（Macleod，L.）编著；郑明华，金楚，潘夏蕙译. —北京：中国协和医科大学出版社，2015. 1

ISBN 978-7-5679-0254-1

Ⅰ. ①赢… Ⅱ. ①桑… ②麦… ③郑… ④金… ⑤潘… Ⅲ. ①论文-写作 Ⅳ. ①H152. 3

中国版本图书馆 CIP 数据核字（2015）第 011334 号

This is a translation of the following title published by Cambridge University Press：

Presentation Skills for Scientists：A Practical Guide with DVD-ROM
（ISBN 9780521741033）
© E. Zanders and L. MacLeod 2010

This Chinese edition for the People's Republic of China（excluding Hong Kong，Macau and Taiwan）is published by arrangement with the Press Syndicate of the University of Cambridge，Cambridge，United Kingdom.

© Cambridge University Press and Peking Union Medical College［2015］

This Chinese edition is authorized for sale in the People's Republic of China（excluding Hong Kong，Macau and Taiwan）only. Unauthorised export of this Chinese edition is a violation of the Copyright Act. No part of this publication may be reproduced or distributed by any means，or stored in a database or retrieval system，without the prior written permission of Cambridge University Press and Peking Union Medical College.

本书根据中国协和医科大学出版社和英国剑桥大学出版社达成的协议出版。

著作权合同登记号：01-2013-6827

赢在论文·演讲篇

原　　著：［英］Edward Zanders　Lindsay MacLeod
主　　译：郑明华
责任编辑：顾良军

出版发行：中国协和医科大学出版社
（北京东单三条九号　邮编 100730　电话 65260378）
网　　址：www. pumcp. com
经　　销：新华书店总店北京发行所
印　　刷：北京佳艺恒彩印刷有限公司

开　　本：787×1092　1/16 开
印　　张：6. 75
字　　数：60 千字
版　　次：2015 年 4 月第 1 版　　2015 年 4 月第 1 次印刷
印　　数：1—3000
定　　价：28. 00 元（含光盘）

ISBN 978-7-5679-0254-1

（凡购本书，如有缺页、倒页、脱页及其他质量问题，由本社发行部调换）

总 序

医学论文是总结、记录和共享医学科研成果或临床经验的重要手段，是医学相关知识得以传播、医学科学技术得以繁荣、进步的重要平台。对于医学工作者来说，医学论文已经成为展示自己及所在部门的专业水平和技术能力的重要依据。而对于中国的医学工作者来说，发表 SCI 论文更具有不言而喻的重要性——甚至，这种重要性在现实中有被夸大之嫌。

在丁香园，医学论文写作一直是众多网友关注的一个焦点。关于医学论文写作和发表的讨论总能引起很多网友的关注。即便其中存在某种功利性的考虑，但我始终认为，通过我们的共同努力，让医学工作者不再为论文写作感到头疼，让他们享受与杂志审稿人斗智斗勇的快乐，让他们沉醉于医学论文顺利发表的成就感，应该是一件很有意义的事。

丁香园早在 2006 年就开展了医学论文写作的全国巡回讲座，这种讲座更加侧重于实战经验荟萃，而不是空泛的理论。我们的一句口号是："让大家看了就能懂，懂了就会用，用了就有效"，用自己的亲身经历去揭开 SCI 论文的神秘面纱。北京、上海、杭州、成都、重庆、哈尔滨、长沙、南昌……在全国巡回讲座的所到之处，我们总能感受到广大医务工作者希望了解医学论文写作、尤其是SCI论文写作的热情。我想，何不将这些经验总结起来，用图书的形式更系统、更有针对性地向读者介绍SCI论文的写作之道呢?

一个偶然的机会，我得知四川大学的林东涛老师与中国协和医科大学出版社合作，拟引进英国著名的医学论文写作培训专家蒂姆·阿尔伯特的专著《赢在论文·谋篇》(Winning the Publications Game)。这本书篇幅虽然不长，但却简明扼要地阐述了医学论文写作和发表过程中需要关注的问题。尤其难得的是，蒂姆曾长期担任知名期刊编辑，并自1990年以来一直在开展论文写作培训工作，具有大量“实战经验”可以分享。其中的“智谋”自然可以为广大医务工作者借鉴。不过，囿于篇幅限制，这本书对于国内读者来说可能不够解渴，国内读者所关注的研究设计、数据分析、国际期刊概况乃至论文遣词造句、图片处理、回复审稿人意见等均未在蒂姆的书中涉及。有鉴于此，我们邀请丁香园网站的骨干版主——温州医科大学附属第一医院的郑明华医生牵头，组织丁香园优秀网友，群策群力，通过“网络合作”的方式编成了一本篇幅更大、涉猎内容更广、体系更为完整、更具有中国特色的《赢在论文·术篇》。相信这本集丁香园网友智慧和汗水于一体的书能为国内医学工作者的论文撰写再助上一臂之力。

正如《Clinical Risk》主编、《BMJ》副主编哈维·马克维奇（Harvey Marcovitch）在为《赢在论文·谋篇》中文版专门撰写的序中所言，并不是说只要研究资料或临床发现是准确的，你据此写成的论文就一定品质上佳，其中的确是有一些值得注意的规律和窍门的。不过，过于强调技巧和窍门并非我们撰写此书的本意，我们只是希望用自己的一点点经验，一点点技巧，打破SCI论文发表的坚冰，起到铺路石和敲门砖的作用。当您有一天大步跨入科研圣殿，掌握科研真谛的时候，再回头看，也许这些经验和技巧已经微不足道了。但是，如果这两本书能帮助您在医学论文写作和发表的过程中少走弯路，那么，所有参与其中的策划者、作者、译者和出版者都会倍感欣慰。如果您发现其中有些经验不够妥当，或者您有更多更好的经验，也非常欢迎您在丁香园网站的论文版积极参与讨论和交流，那里还有众多高手等着和您过招。

丁香园　李天天

于杭州钱塘江畔

译者前言

大多数科研工作者对做学术报告或演讲往往会感到紧张、畏缩，以至于未能很好地传递所要表达的信息。本书是一本涉及科学学术报告技巧的实践指导用书。本书虽小，但内容紧凑，涵盖了科技学术报告的各种技巧，包括材料的选择、情绪的控制、提问的处理等等。本书编写思路简洁，按照学术报告流程来组织内容。本书设计独特，各个章节采取流程图方式进行介绍，有系统、有条理又疏而不漏地总结了科技学术报告的成功要点，并以幽默的形式插入漫画，使读者能够在最短的时间里掌握最多的内容，并能够对技巧的实践应用有一个全面深刻的了解。本书值得各个学科科研人员阅读，是科研人员做好科技学术报告所需配备的实用手册。

从2010年5月至今，我很荣幸在中国协和医科大学出版社的大力支持下相继出版了《赢在论文·术篇》、《赢在论文·软件篇》与《赢在论文·谋篇》，并获得了读者的鼓励与好评，在市场上热销。我相信这本《赢在论文·演讲篇》肯定也会得到广大科研人员的欢迎和认可。这本书也会对他们的职业生涯产生不可估量的影响。

本书在翻译过程中曾得到各位同仁、专家们的大力协助与指导，在此深表谢意！特别感谢温州医科大学附属第一医院肝病研究中心主任、温州医科大学肝病研究所所长陈永平教授在百忙中给予的指导和审校，使本书更臻完善。感谢中国协和医科大学出版社顾良军编辑对本书的支持与指导。衷心感谢“丁香园”医学论坛（www. dxy. cn）李天天站长、周树忠博士等众多朋友的大力支持，还要特别感谢温州医科大学附属第一医院与温州医科大学领导给予的大力支持与鼓励！

本书的翻译由于时间短，作者水平所限，谬误之处在所难免，敬请广大读者予以批评指正！

郑明华

2014-12

关于本书

科学家很少接受演讲技巧方面的正规训练，但是却经常需要介绍他们的研究成果。本书旨在给科学演讲的设计和陈述提供实用性的指导，不考虑演讲的主题。本书以“怎么做”这种实用的形式，将焦点集中在与科学家们直接有关的问题上，但不讨论公开演讲的心理背景。从树立听众意识到处理提问，正文部分涵盖了科学演讲所有的重要方面。随书附送的 DVD 光盘包含了演讲者可能会遇到的常见难题以及如何克服这些困难的练习，对应的 DVD 链接贯穿全文。在创建演讲影像资料时，必须认真思考设计方案，不同的幻灯片布局、色调搭配和字体风格都与设计方案息息相关。

爱德华·桑德斯（Edward Zanders）是 ScienceInform 科技信息有限公司的总经理。ScienceInform 科技信息有限公司是一家专门针对生物技术制药行业基础研究人员的培训公司。他作为生物医学研究行业和学术界的科学家，已有超过三十年的经验。

林赛·麦克劳德（Lindsay MacLeod）是一位经验丰富的伦敦导游，为伦敦蓝色徽章导游们传授演讲技巧已有十五年。她是导游协会的成员，该协会经政府许可负责制定导游标准。

前 言

对大多数人而言，正式的公开演讲是件非常痛苦的事。工作中的科学家们必须规划、实施复杂的实验，解释实验结果，撰稿发表，然后与同道探讨并回答质疑。这一系列事情没有选择余地，所以他们必须能够策划一场演讲、设计他们自己的影像资料，清晰、自信地发言，让一切有条不紊。一些人喜欢这项挑战，他们拥有与听众交流信息的天赋。而另一些人却特别害怕，陷入了莫名的紧张，从而不能很好地控制声音，或者制作出混乱的幻灯片，无法表达明确的信息。自己是否属于第二类人，大多数科学家们心知肚明，绝大多数人都希望进一步完善他们的表现。不管什么性格，只要勤加练习、注重细节，每位演讲者都能改善他们的表现。最后，他们会成为更自信的演讲者，不需要具备外向的性格，就能表现得热情和权威。

我们把这本书和附带的 DVD 光盘设计成科学演讲的实用手册，供忙碌中的科学家们参考，而科学家们不需要理解言语交流的大量理论和背景。我们已经为剑桥大学及英国其他地方的技术人员、博士研究生、博士后研究人员、业务发展经理人教授这门课程。我们除了教导每位学员如何准备和发表科学演讲，还为每位学员拍摄一小段他们自己的科技演讲，然后再播放给他们看。本书及光盘正是以此为基础，包含了逼真的演讲情节和有效的练习。多年以来，我们已经掌握了大量有关科学演讲的特殊问题，以及这些问题的处理方法。因此我们决定将这门学问以这本书和 DVD 光盘的形式分享给其他人。

本书的作者利用他们不同的专业背景形成优势互补。林赛·麦克劳德（Lindsay MacLeod）凭她多年来在伦敦培训蓝色徽章导游的经验和超过 20 年的正规演讲经验，具备了所有公开演讲所要求的“软技能”。爱德华·桑德斯（Ed Zanders）具备了在短时间内处理并向听众传递科学数据的能力。作为一位仍在工作岗位上的科学家，爱德华·桑德斯带来了他三十多年的经验。他从成百上千的演讲中取经，从年轻的科学家到诺贝尔奖得主；同时，在英国国内外，他也发表过无数次演讲。

本书排版紧凑简约、携带方便。演讲者在赶赴会议或研讨会的路上，可以把它放在手提包或旅行箱里。附送的 DVD 光盘还可以在途中或会议上使用。我们相信这将特别有助于在最后关头控制好情绪，调节好声音状态。

本书各章节按照演讲流程的基本组成部分系统地一一展示。从树立听众意识到处理提问，本书涵盖了科学演讲最重要的方面。正文内容可能会有一定的局限性，不过 DVD 光盘中的幻灯片和视频剪辑会提供详细、实用的帮助，因此 DVD 光盘是本书至关重要的组成部分。DVD 光盘以幻灯片的形式举例说明了母语是英语或非英语的演讲者在生物医学主题方面有效或无效的表达方式。为了帮助演讲者逐步形成清晰、可控的演讲风格，DVD 光盘还提供了针对性的练习和示范。最后，我们在本书的结尾以备忘录的形式列出了在演讲之前需要处理好的关键点。

在此感谢 Nexus 电视台的 Sian Deciantis 和她的同事在英国剑桥拍摄编辑 DVD 光盘资料，也要感谢三位主持人 David Evans、Ardian Kastrati 和 Jennifer MacLeod 乐意为该项目耗费时间和精力来处理陌生的技术材料。感谢 Cartoonbank. com 提供的《纽约漫画》。幻灯片主题范例中重现的 Y 染色体图像已获得 Nature 出版社的许可。我们感谢 Jane Gitschier 教授（加州大学旧金山分校）激发了我们围绕 Y 染色体上一个虚构的基因——OOPS 基因创造一个演讲范例的想法。最后还要感谢家人的支持和鼓励！

目　录

引 言

科学演讲的背景

科学演讲通常是指在讨论会、研讨班或实验室会议上与听众的正式信息交流。为了加强听众对某个特定科学现象的认识，绝大多数演讲会描述实验背景和实验设计，然后再阐述实验结果以及从中得出的结论。与同道们交流的信息里，从实验中得出的结论和支持该结论的数据通常是最重要的部分。所以，演讲是展示你们或你所在机构工作内容的窗口。能否很好地传递科学信息取决于诸多因素，其中包括控制紧张情绪和声音，还包括制作出在最短的时间内能明确表达信息的影像资料。

作为一位科学家，你往往太过忙碌而无暇去思考驱使你努力工作的深层动机，也无暇思考如何向外界展示你的工作。也许你正欣喜若狂地忙于创造新发明，又或者（对大多数科学家来说更常见）你忍受着实验不成功的挫败感或不得不处理一些与科学无关的问题，比如筹措经费、处理实验室的相关事务等。然而，当成功来临时，这些挫折便显得无关紧要了。此时唯一的想法就是发表成果并在大会上展示它们。成功的主要回报是科学同道的赏识，可以是同事，也可能是竞争对手。这是激励科学家努力工作的主要因素之一，不可小觑。当然其他动机也确实存在，比如通过发明新药、治愈疾病为人类作贡献，但是这些动力对于激发解决问题的好奇心和兴趣来说往往居次要地位。这一系列动机的结果是你作为一位科学家主要对确切的数据感兴趣。如果你阅读了一篇已发表的文章，你会有详细检验其结果的欲望。如果你听了一场报告，主题与你的工作有关，那么你会想看看其数据。

特色能让人对一场特殊的演讲印象深刻，大多数科学家没有时间或意愿去思考如何识别这些亮点，并利用它们完善演讲。然而，努力确定你能酌情强化或弱化的关键习惯是非常值得的。这种洞察力能引导你改进表达方式，避免你在众多平庸的演讲者中显得那么不起眼。

口头交流的主要内容是演讲者的表达、仪表和演讲内容。据调查，演讲内容目前对听众的影响最小。科学演讲是否也是如此呢？毕竟，实验数据是科学世界运转的货币。或许，它依赖于演讲者与听众之间的关系。假设竞争对手正在介绍你已经获得数据的或者正计划这么做，此时糟糕的表达和演讲者的仪表似乎并不重要，这是因为现在重要的是数据。这是个熟悉的场景，尤其是对正处在发表独创实验工作压力之下的年轻科学家来说。不仅仅演讲者肾上腺素分泌增加，还有那些渴望不要被抢先发表的听众或者已经有了一个令人兴奋的新想法要去探索的听众。然而，我们并非推荐忽视表达方式。我一直记得一个介绍免疫学上重要新发现的研讨会：演讲者的数据确实让听众十分关注，但也让人感到郁闷，因为演讲者的表现非常单调、乏味。事实上，演讲者的表现在听众脑海里持续了近三十年，而数据早就被遗忘了。

演讲流程图

下面的流程图涵盖了科学演讲的基本要素。

听众
↓
规划演讲
↓
选择和组织影像素材
↓
控制情绪
↓
声音
↓
表达方式
↓
练习和最后的准备
↓
处理提问
↓
结果如何?

如果你想展现一场成功的演讲，你需要从头到尾将每个章节温习一遍（包括 DVD 光盘里的资料），直到你能回答下列问题为止。

- 材料是否恰好针对特定的听众?
- 是否很好地构建了一个明确的主题和能被接受的信息?
- 是否有清晰的影像资料支持?
- 是否能清楚表述?
- 有没有紧张情绪的干扰?
- 能否专业地回答问题?

使用 DVD 光盘的注意事项

下列章节包含了准备、发表科学演讲的背景材料和基本的指导方针。随书附送的 DVD 光盘包含了旨在举例说明特定主题的视频、文本和图片,同时提供了控制情绪和强化语言表达的练习。在正文中,我们将“DVD-ROM”标志标记在与光盘材料有关的地方,同时通过主菜单可以访问指定的文件夹。

1 听众

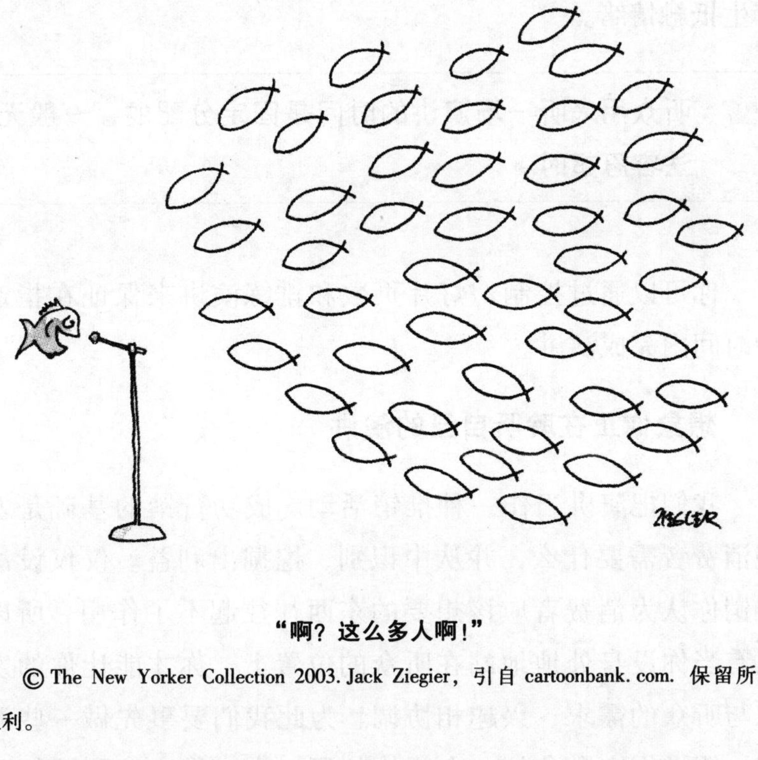

“啊？这么多人啊！”

© The New Yorker Collection 2003. Jack Ziegier，引自 cartoonbank. com. 保留所有权利。

在你打算详细地规划演讲内容之前，你应该仔细思考本章所强调的有关听众的信息；最初的紧张来自预料到谁会来听你的演讲，本章将指导你如何克服这种紧张情绪。

明白听众的期待

开始规划一场科学演讲时，有必要先思考一下听众在期待什么。如果你能心领神会听众的期待，就能确保你的构思和表达方式会满足他们的要求，同时能避免听众对你产生抵触情绪。

> ! 听众用来听一场演讲的时间是固定分配的，一般无法容忍超时。

你可以通过控制幻灯片页数和排练演讲来保证在指定的时间内完成演讲。

想象你正在聆听自己的演讲

我们把演讲当作一种推销活动。成功行销的基础是发现消费者需要什么，并从中识别、挖掘出利益。仅仅设法推销你认为消费者应该想要的东西往往起不了作用。所以只有当你设身处地地站在听众的位置上，你才能让你的发言与听众的需求、兴趣相协调。为此我们要事先做一些调查。假设你应邀参加一个机构的研讨会，你应该要了解一些你所拜访的这个部门或公司的有关情况，并对你的发言作相应的修改。学术会议也一样，回顾一下议程将有助于你在恰当的语境下发言。比如，多几个演讲都涉及相同的主题材料，那么就有发生不同演讲者介绍相同内容的风险。在这种情况下，以不同的角度看主题，将打破千篇一律的单调，让听众保持注意力。

你的目标听众

谁会参加你的演讲会、成为你的听众？换句话说，你的演讲针对哪些人？

许多科学家第一次演讲的对象是同事，这是他们研究生教育的一部分，随后他们会在内部实验室会议上汇报他们的研究结果。在他们之后的职业生涯中，他们将受邀在小型会议、工作会议或正式的研讨会上发言，以及作会议专题演讲（一般按这个顺序发展）。

上述各阶段是一个演讲者公开演讲生涯的组成部分，需要掌握许多东西，其中包括弄清每位听众的特殊需要。你的大多数听众可能是正在研究相同难题的科学家；还有相当一部分是对你的专业工作感兴趣的同行或竞争对手。偶尔可能会给学科完全不同的科学家或者没有经过任何科学培训的听众作讲演。尽管上述各种情况都需要一个共同的演讲标准和清晰的演讲内容，但是，很明显需要在强调背景材料和研究成果方面有一些变化。

一个专家作为听众往往不希望有太多的时间用来介绍他们已经知道的东西，而是急切地期待着数据资料。由于专家们很可能非常熟悉正在讨论中的实验技术，所以他们可能对你由结果归纳出的结论有强烈的看法。这一切促使一些演讲者为了说服他们的同行，不但让自己的演讲尽可能复杂，而且营造一个保护盾避免抨击。他们发射一连串毫无条理的数据及复杂图表的炮弹，而且经常超过演讲所规定的时间。最终导致演讲内容无法被客观地评价，甚至无法得到演讲者试图想要说服的那些专家们的正确评价。

优秀的演讲者能够在不出现任何丢人的情形或“降低难度”的情况下，在专家面前介绍一个主题。但是，他们不会在介绍时犯基本的错误，即他们不会在介绍和解释复杂数据上花过多的时间。

脑海里浮现出一个例外：一位德高望重的生物化学专家在美国一家知名的医学中心进行一场为时一小时的研讨会。开始的二十分钟他讲了一个稍逊色的笑话（一些关于他的妻子和照片的故事），与主题完全无关，然后在剩余的时间里，他以精彩的演讲令听众折服。虽然是皆大欢喜，但是我们并不推荐大家采用这种方式。

当你进入演讲的主体部分时，要流畅地增加材料的复杂性，让每一位听众都跟上你的步伐。变化能增添趣味，这对所有演讲都一样有效。所以更富戏剧性的介绍，可能对俘获和控制听众的注意力更适合。

> ! 演讲如同一架飞机的飞行过程：轻轻地滑翔，然后迅速、平稳地起飞，在巡航高度度过大部分时间，然后轻轻地下降并着陆。

> ! 如果你观察一下听众，发现一些人看起来很无聊，思想不集中，甚至睡着了，可能并非是你的错。

一些人注意力不集中可能存在个人因素，比如缺乏睡眠（可能是一场社交活动刚结束）或者他们只关注自己感兴趣的东西。忽视这些闯入你思想列车的想法，不要因此而分心。

有一位系主任以前在研讨会上经常坐在第一排，并与演讲者开玩笑，假装睡着。然后他会在研讨会结束时“醒来”，并问一些非常实际的问题——幸运的是，大多数演讲者事先都知道他有这个习惯。

我该担心谁是听众吗？

演讲者在想谁将成为他们的听众，是出现紧张情绪的主要来源，这种紧张在意料之内。最常见的恐惧来自于不得不在朋友和同事面前发言，而在完全陌生的人群面前演讲则恰恰相反。朋友和同事在演讲结束后还会长期围绕在他们身边，假定演讲者害怕在他们面前留下自卑的烙印，那么至少陌生人可能永远不会再相见。

第4章“控制紧张情绪”和DVD光盘里详细描述的技能将有助于演讲者控制好这个与听众有关的常见问题。

一种独特的畏惧（参加我们课程的学员代表常常会出现）源于在著名的专家面前发言。这种“年资焦虑感”主要归咎于演讲者对自身的学识和能力缺乏自信，同时害怕遭到无情的质疑。尽管“处理提问”一章和DVD光盘里已经包括了后面这种情况，但是在下面的段落里我们要把

“年资焦虑感”作为一个特殊的问题进行讨论。

在科学家们职业生涯的早期阶段，演讲令人望而生畏。其中一个原因是在听众席上的上级可能会直接影响到他们将来的工作，他们害怕在上级面前留下不好的印象。这是一个自然反应，尤其是假设研讨会上你面对的是诺贝尔奖得主，或者是相应级别的人物时。即便是著名的物理学家理查德·费曼，年轻时在普林斯顿大学的研讨会上，也曾经因阿尔伯特·爱因斯坦在他演讲前悄然到场并落座前排而大吃一惊。

这种类型的紧张不安显然完全是心理作用。由此得出结论，要想从一开始就控制这种紧张情绪需要在思想上变消极为积极。

认识到你应该比其他任何人都更熟悉你自己的数据

资深人物对科学本身更感兴趣，而并非是对你。他们会用与所有其他人一样的标准来评价你的资料，因此，让新数据在所属的领域和表达方面尽可能严谨就取决于你了。

有时候，碰到一些带有政治目的的听众可能会有一些麻烦。这些科学家可能是反对你的导师，把你当作代替品，故意挑剔你的演讲。处理这种情况和“年资焦虑感”的唯一途径如下。

> ❗ 确保演讲是有趣的、有益的、守时的。

> ❗ 确保你熟知你的资料。

这样，你将能引导绝大多数听众站在你这一边，甚至包括一些资深者，从而孤立任何带有不同政治目的的人。

准备就是全部

一个同事曾经告诉我一个故事，一位相当年轻的科学家在国际性会议上作了一次糟糕的演讲，而且让他感到羞辱的是一位重要的科学界人物对他说："我亲爱的孩子，这个领域对专业人士来说已经非常难了，更何况是业余爱好者呢?"这噩梦般的一幕就是不在乎听众及其需求所造成的（尽管听众的反应未必有这么糟）。

2 规划演讲

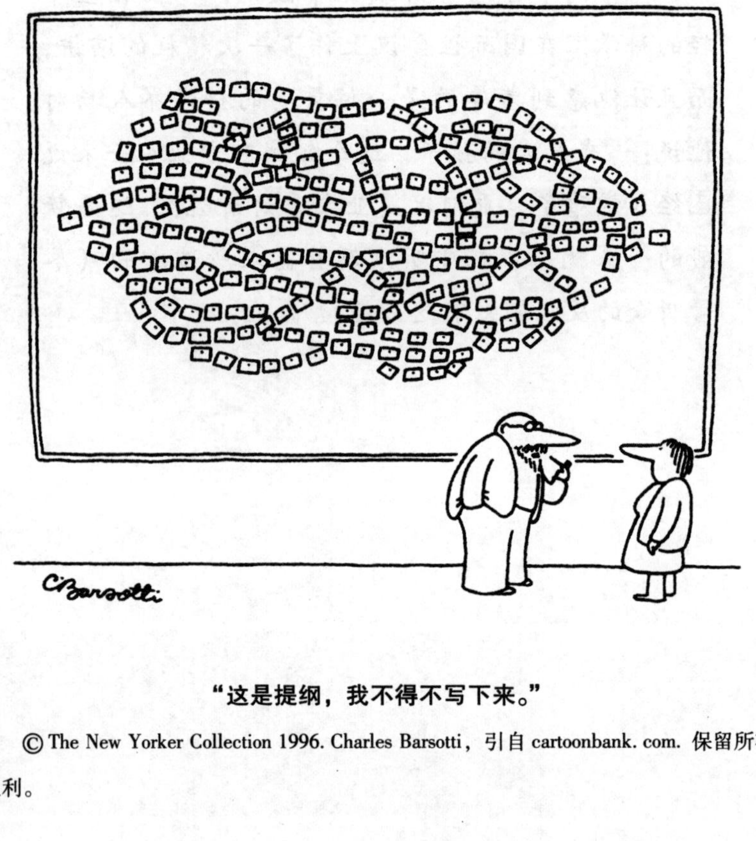

“这是提纲，我不得不写下来。”

© The New Yorker Collection 1996. Charles Barsotti，引自 cartoonbank. com. 保留所有权利。

本章介绍运用一系列合理的指导准则来琢磨出一场演讲的全过程。遵循这些指导准则，并配合后面几章中高亮显示的内容，最终会在有限的演讲时间内形成一个连贯的故事（如 1 小时的研讨会或 15 分钟的会议发言）。

时间限制：量体裁衣

在详细介绍演讲准备工作之前，我们必须强调保证演讲在规定时限内完成的必要性。这一点（以及本书提到的许多其他要点）看起来平淡无奇，不值得一提，但是我们仍然很惊讶，为何那么多学员准备好的演讲仍然包含了过多的幻灯片，远远超过了规定时间内能播放的幻灯片数。本课无疑适用于认真对待演讲的演讲者，也包括许多已有丰富的经验以及想了解更多演讲知识的人。

为了本章及后面选材的需要，我们把“幻灯片”定义为呈现给观众的视觉材料的单位。目前主要采用 PowerPoint 软件创建的幻灯片，但有时也会使用黑板、挂图或高射投影仪。此时，与使用数字化幻灯片相比，耗费在写黑板或画图上的时间（或者即使是在高处用手画线）将减慢演讲速度。

❗ 确定在规定时间内能从容表述的幻灯片的最人数量。

基于略小于 1 张/分钟的平均幻灯片放映速度，下列表格为不同类型的演讲提供了一个粗略的引导。当然，不必完全遵守这些数字。演讲时一些幻灯片可能需要仔细欣赏、认真思考，会占据较多的时间，所以实际的幻灯片数量可能非常少。另一方面，演讲切换逻辑部分时可能会用幻灯片填补，这些幻灯片持续时间可能小于 1 分钟，所以，幻灯片的最终数量甚至超出表上的最大值。常识应当占上风——数量必须切实地与演讲的可用时间相匹配。

演讲类型	持续时间（分钟）	提问时间（分钟）
会议/工作例会	10	5
正式的研讨会	45~50	10~15
专题演讲	30	0~10
商业演讲[a]	最长60	因具体情况而定

[a] 商业演讲可能涉及介绍演讲者公司、主要工作人员和关键技术。这些会议几乎总是鼓励在演讲进程中提问，因此为了遵守时间可以偏离所有计划。由于对商业界的高管们来说时间非常宝贵，所以要使你的演讲尽可能简单明了。解决方法之一是依照一般会议或研究会的长度减少几张幻灯片。

实验室内部会议也要遵守时间。在实验室内部会议上，实验室负责人和团队其他成员会仔细探讨数据。由于实验室会议通常是早上第一件事，所以滥用时间、超时会让大家不高兴，因为大家都急切地希望回去做自己的实验，即便一天中还剩下足够的时间。

将你的材料转变成一个故事

枯燥地背诵事实（数据）并非是一场好的演讲。由于科学必然涉及事实（数据），所以演讲者的确有落入这个陷阱的危险。同样，科学界以外的领域也会出现这种情况，包括旅游业。一个糟糕的培训指导员，只会罗列日期和地名，没有任何语境或人情味，谁会不讨厌呢？这就是为什么把一场演讲精心打造成一个故事具有如此重大的意义。当然，我们不希望把科学演讲变成小说作品（尽管近几年有一些备受瞩目的案例就是这样）。故事风格要以人们能理解的方式表达关键信息。许多演讲者一开始并不认可这种方式，结果演讲显得公式化，令人厌烦。

> ❗ 确定你想表达的关键信息，并围绕着这个关键信息构建你的演讲。

从一系列研究资料中提取关键信息的能力与理解研究本身和为什么它处于首要地位的程度直接相关。一个演讲者应该能用一两句话概括他们工作的实质。显然，这个过程会去除细微的差异和复杂性，但这并不是目的。这是一个思考练习，它促使演讲者远离材料的细节，从更高的层次看材料。所以在规划演讲阶段，尽量采用这种方法来打造构建演讲的支撑框架吧。

1993 年，有人请求英国政府的科学部长为尚处于研发状态的大型强子对撞机拨款。从某种程度上来说，大型强子对撞机是为了证实希格斯粒子的存在而设计的。之后，这位部长（一个历史研究生）要求物理学家们在一张 A4 纸上描述希格斯粒子的原理并说明为什么它如此重要。最后 5 条记录成功入选，其中包括将希格斯粒子场比作如同有玛格丽特·撒切尔夫人作为贵宾的鸡尾酒会。尽管这个故事很好笑，但是它显然给我们上了一堂如何将极其复杂的描述转变为相对简单的课程；此外，对演讲者来说用比喻来表达关键信息是一个强有力的工具，而且对专业的和业余的听众都有效。

组建演讲

为了能将听众导向你希望的方向，演讲的基本结构需要分出界线。必须仔细设计路线和目的地，否则听众会迷失，演讲会失败。一旦你明确了演讲的范围（如幻灯片的数量等）和要明确表达的关键信息，下一阶段就牵涉到确立一个合乎逻辑的顺序。

科学演讲的作家们对于什么是合乎逻辑的顺序似乎已经达成共识。最近，弗农·布兹在《科学界的沟通》一书中提出了一个简明版本（见导读）：

- 你为什么要做这个工作？
- 你是如何做的？
- 你发现了什么？
- 你认为它意味着什么？

你为什么要做这个工作？

科学家们都有提问题的习惯；这是他们职业的基本原则——“它是如何起作用的？”，“这种现象的本质是什么？”和“为什么X起作用而Y没有起作用呢？”对待科学演讲自然也有这个习惯。为了把听众导向演讲所揭示的关键结论，可以在演讲中使用一个问题或一系列问题。

> ! 设置一个或多个问题让演讲朝着正确的方向发展。

提问阶段通常位于主题介绍完毕之后。这是一种高级别的考察，可能是从历史背景开始，抑或是模拟每天的实验。如果你在大会上演讲，你应该简要地将发言内容与会议主题联系起来，使你的演讲与主题背景相适应。清晰、简洁地回顾一下会议主题，在同一个会议上尽可能减少重复其他演讲者的内容。

> 我们的一个学员从事立体声效应在听觉神经系统中的研究，他用横穿繁忙的道路时特别需要立体听觉做类比。利用简单的每天都在发生的事情作类比是横向思维一个很好的例子，横向思维能使听众立即将他的研究内容置于正确的情境中。

你是如何做的?

这部分与发表文章时材料与方法部分的设置理念非常相似。除非实验方法是演讲的主题，否则就不应该花太长的时间细说。这部分容易引诱人们详细地罗列出实验步骤的每个方面。要抵制住这种诱惑，如果在提问期间或者在会场外被问到的话，你只需要稍微详细一点就行。

你发现了什么?

结果部分要以明白易懂的形式在有限的时间内表达出来，可以使用恰当的图形、覆盖图和动画片，第三章及相关的 DVD 材料中会再作讨论。由于这部分内容往往是从大量的数据中提炼出来的，因此能解释大多数质疑。

你要判断哪些数据支持你的论点，这是必不可少的。不要把所有数据都显示出来，因为那样只会引起听众的厌烦或困惑。许多演讲者担心演讲结束过早，或显得好像没有做足功课，于是用大量的幻灯片填充，这完全不切实际。假如一开始先确定可用幻灯片的最大数量，就不会存在这个问题。当然，你实际可用的数据可能并没有这么多，所以还有很多空间可以分配给介绍和总结部分，特别是讨论一下今后还需要做些什么。

你认为这意味着什么？

总结和结论部分必须既有分量又简洁，因为它可能是听众唯一能记住、能带走的东西。这部分也是总结和结论经常被混淆的地方。总结是罗列对关键信息起重要支持作用的实验结果。结论紧跟其后，用一张独立的幻灯片解释研究结果。

下列图片总结了上述各部分占一场演讲的相应比例。

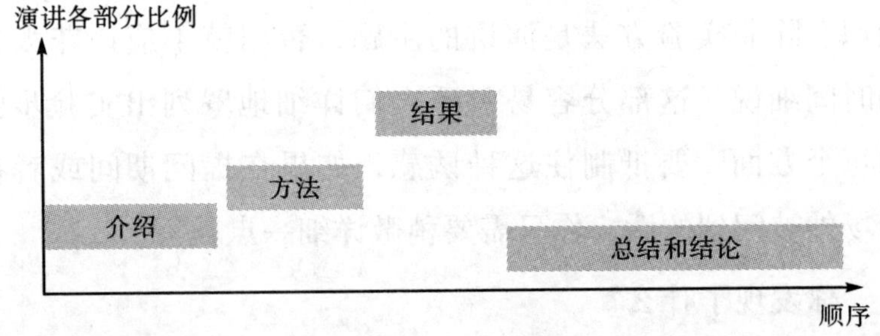

致谢

科学研究是一个合作的世界，很少有演讲者不需要感谢其他人。所以我们要在演讲中感谢同事。致谢一般都被放在演讲的最后阶段，即结论和总结之后，但是这样做可能会使原本值得记住、值得带走的信息变得模糊不清。所以，你反而可以试着将致谢放在演讲的开头。在幻灯片中显示所引用的文献是惯例，但是它们往往难以辨认。如果某个参考文献对支持幻灯片的内容是必不可少的，那么请让文字清晰可见。不过，这样做可能会转移听众对幻灯片其余内容的注意力，所以最好单独显示参考文献列表（但是不要过多）。

处理多重主题

一个简短的会议演讲没有足够的时间包含多个主题，所以从提问到总结的过程是线性的、连续的。不过，时间较长的研讨会或专题演讲则另当别论。演讲者或许仍然只有一个核心信息，但是许多合作伙伴都用数据从多个不同角度进行探讨说明。这时可能会有多个结论，那么最有分量的结论应该放在最后。

这类演讲最大的挑战是保持关键信息清晰、集中，不要有过多的转变或停顿。演讲者仍然要坚持讲故事的基本原则，但是这回需要添加次要情节。

介绍一个生物医学研究方面的例子。为了治疗一种特殊的疾病，人们正在研究一种药物，该药尚处实验阶段。很明显可以分成两个部分进行介绍。第一部分可以联系该药的作用靶位与所治疾病的生物学特性介绍该药物的研制。第二部分可以描述该药的临床实验及结果。两个部分都有自身的术语和实验研究方法，但是它们可以很好地整合在一起，形成一个连贯的故事（由于听众迫切地想看看这个实验性治疗能否起效，所以这样显得很有人情味）。

自然的中断

即使听众能倾听你在研讨会上或长时间演讲中的每个字，他们也会对信息流中一连串的中断有反应（即使是潜意识地）。所谓的中断，可以是简要地总结一下已经说过的内容，也可以是视觉上的一些提示，用来介绍下一个主题。当然，这也是适当幽默一下的时刻，许多恐怖片都会运用这个手法来缓解紧张情绪。进入演讲的下一个阶段之前，一个诙谐有趣（但相关）的卡通片能很快地缓和现场气氛，使听众得到放松。它也能起到引导听众对你的风格有所准备的作用，同时也会令他们期待更多类似的幽默——即使不再出现。

也有不打断演讲的时候。我们中的一员（EZ）出席波士顿一家著名的实验室做讲座（诺贝尔得奖者等坐在听众席上），主题是淋巴细胞信号传导。这个主题被整齐地分成两部分，事实上将这两部分合在一起并非难事。但是在第一部分结束后他就让听众提问，而不是在最后阶段，因此完全打破了他原先设计好的演讲思路。从此，他再也不犯同样的错误了。

3 选择和组织影像资料

大会前夕，PowerPoint 小精灵拜访了弗兰克

© The New Yorker Collection 2004. Glen LeLievre，引自 cartoonbank. com. 保留所有权利。

影像资料是传播科学信息的强大工具，但是滥用它，会造成更严重的混乱。关于幻灯片的构建，可参见本章还有部分相关的 DVD 上的内容，其中包括设计、布局的主要方面。本章以直观、易懂的方式介绍了所有有关呈现实验数据的重要过程。

> ❗ 演讲者是注意力的中心，但是一个演讲者应该能够随心所欲地让听众跟随着幻灯片的动向。

> ❗ 幻灯片必须清楚地表达演讲者试图要传达的信息，不能造成听众的困惑。

这两点要求我们——作为一个演讲者，你必须凭借你的沟通能力（之后的章节会提到），完全控制听众，控制实际的演讲内容。

一场研讨会的演讲者将他的35毫米胶片放入放映机的传送带之后，准备开始他的讲演。邀请者（当时一个古怪得出名的生物学家）发现放映机有小故障。于是他开始滔滔不绝地向听众发牢骚，最后还没收了放映机和幻灯片，所以这个倒霉的演讲者没有任何准备好的材料可用了。幸运的是，这个演讲者非常熟悉他要讲的研究内容，因此他能在黑板上把关键的原理写出来，从而挽救了这一天。你能做到吗?

辅助影像资料的总评

科学通过实验资料的广泛传播起作用，其中大部分是通过在同行评审的出版物上发表文章。这些论文所包含的图表，读者可以从容地花相当长的时间慢慢研究。但是，对于正在聆听口头交流的听众来说，这么奢侈显然是不切实际的，所以准备影像资料时要采用不同的方法。数据必须能让所有听众看清楚，并且要把握住时间，刚好足够让信息完全被理解（因为时间非常珍贵）。

假设大多数读者会使用PowerPoint软件制作数字化的幻灯片。除非环境指定采用其他方式（如一个实验室内部会议）。目前普遍采用的数字化演讲多媒体受到了很多批评，用一个词来总结就是“因PowerPoint而死”。主要问题之一是该软件的“过度设计”，使懒惰的演讲者可以堆砌令人眼花缭乱的视觉效果，从而掩盖了缺乏真正沟通的事实。另一个需要引起关注的事情是由于PowerPoint的普遍存在，许多演讲都使用同一个模板令人产生厌倦感。

关于这个主题，读者会发现导读里列举的一些书中有更多的论述。这一现象甚至出现在YouTube这个视频网站上。该网站上有一些视频恶搞滥用PowerPoint的演讲，非常搞笑，尽管有些夸张，但是所有使用PowerPoint软件的人都应该停下来好好思考一下。

大多数科学家都希望工具能让他们的生活变得更容易、更高效（不需要把珍贵的时间浪费在考虑采用哪种视觉模板上），PowerPoint软件媒体（或类似的软件）似乎已深入人心。这意味着必须控制乱用这个软件的状态，并且必须有选择地合理使用该软件提供的众多功能。

在科学界，可视化交流的另一个问题是素材太复杂。以往巨大的技术障碍变得简单，使发表科学刊物的门槛提高了，从此某个特殊的假设需要得到越来越多的实验支持，编辑和审稿人才能接受这篇文章。这个现象蔓延到了口头沟通，以至于演讲者和听众常常因素材过多而无法应付。即使是准备最充分、做事最有条理的演讲者要想解决如何让听众理解关键信息这个难题，也并不简单。通过提供结构和动画，电子多媒体能帮助你以听众跟得上的速度表达复杂的信息。

随着互联网为基础的交互式网络和个人数字媒体播放器的普及，信息交流的世界正迅速发生着变化。这些工具已经以听播客、网络研讨会等形式对科学交流产生了影响。尽管它们永远无法代替对传统科学演讲的需要，但是当PowerPoint变得古怪、不合时宜时，我们要正视它——但是这个时代尚未来到。

情节串联图板

“情节串联图板够多了，让我们选择最重要的东西吧。”

© The New Yorker Collection 2001. Leo Cullum，引自 cartoonbank. com. 保留所有权利。

假设你已经在第 1 章和第 2 章的指导下打好了演讲的基础，下面简单总结一下。

> ■ 为了适应目标听众的需要，你已经调整了背景资料的数量和演讲的复杂程度。

> ■ 你已经设置了幻灯片数量的极限值，保证在有限的时间内真的都能用得上。

> ■ 你已经明确了想要表达的关键信息，并能流畅而生动地表达出来，如同讲述一个故事。

> ■ 从介绍到结论和总结，（至少在你的脑海里）你已经摆好了各部分的位置。

将这些概念转变成一场带有剧本和幻灯片顺序的演讲，这个过程类似于电影制作。在情节串联图板上安排整个演讲（电影），便于添加、删除或重排幻灯片（场景）。情节串联图板可以是手写的一张纸或便签，也可以是汇编在 PowerPoint 软件里的幻灯片浏览视图。推荐采用后面这种方法的理由很多，包括可以在清楚、整洁的布局下迅速操作幻灯片。还能从以前电子归档的演讲材料里导入幻灯片，这个功能也非常有用。

建立一个情节串联图板，增加一些幻灯片来标记出故事情节的单个元素，也就是介绍、方法、结果、总结、结论。根据演讲计划的长度限制幻灯片的数量（对于小型会议演讲，情节串联图板将很快被填满）。由于仅仅是为了设置演讲的流速和节奏，所以在这个阶段，幻灯片不需要很完整。为了避免不和谐的效果，先选定幻灯片的设计主题，然后始终保持一致。

一旦确立了核心布局，你就可以开始填写细节了。用幻灯片放映设备的全视图模式定期校对幻灯片。检查每张幻灯片信息之间的相关性、易读性和清晰性。这时要去掉很好但不相关的图片，或者是过于复杂、完全无法阅读的幻灯片。同样，你可能会增加一些新的观点来支持你的信息——这就是创作过程的全部。在会议或研讨会上，极其丰富的演讲材料将有助于给你必要的鼓舞（和决定性的评价）。

最后的任务是确保幻灯片从头到尾都能平稳地过渡，没有中断，除非你是为了制造一个停顿或者转变重点，而故意插入幻灯片。

脚本撰写

优秀的演讲者不会照本宣科，就像演员们不会照着剧本朗读一样。有效的交流来自于演讲者的内在个性和他们介绍专业信息的权威性。一些参加我们课程的演讲者喜欢把演讲稿写在纸上，以防词穷。我们不鼓励这种做法，因为这样做会限制他们自由发挥，就像过于依赖自行车的车轮以至于没有它们就不能骑。不过，为了让你保持在正轨，在幻灯片中加入视觉线索并没有错，只要它们不让听众分心就行。

构建幻灯片的建议

以下指导原则将有助于你思考幻灯片设计过程中最常见的问题。很显然，它们都是重点，但是，在演讲之前，如果科学家们没有太多的时间去审查、修改影像资料，那么偶尔也会忽视这些问题。我们希望以下明确的指导原则和 DVD 光盘上的例子能让这个步骤尽可能简单些。

> ! 幻灯片的内容必须清晰，否则如何显示什么是要点呢?

> ! 幻灯片内容要与演讲者正在讨论的东西相关，而且不要让人分心。

> ! 关键的目的是在最短的时间内提供能让人理解的信息。

幻灯片背景 DVD-ROM 内容：幻灯片的背景和主题

在亮色的背景下使用黑线/黑色文字，或者在暗色背景下使用亮色文字，是最常见的色调搭配。蓝色背景是最常用的。背景颜色不必一成不变；亮度渐进也能起到很好的效果。采用新颖、易读的幻灯片让听众始终保持关注度，不要太幽暗令人感到沮丧（避免泥土色的背景），也不要因为太光鲜而令人眼花缭乱。PowerPoint 提供了许多富有艺术感的设计主题，非常吸引人，但是一般不适合科学演讲。这是因为它们会把听众的注意力从演讲信息上引开。位于文字和图片后面的背景主题可能是最主要的干扰因素，一般来说要避免太花哨，但是也不绝对。背景图片作为一个主题，填充整个屏幕也不是不可能的。然后，随着演讲的进行，可以覆盖、删除文字框和图表。这种方法曾经被用于宇宙论和粒子物理学的演讲，效果非常好；背景几乎完全是黑色的，再用哈勃太空望远镜拍摄到的许多绚丽的星系图像作为点缀。然后，在宇宙及其起源的背景下，演讲者在开始演讲时便可以立即铺设主旨（星系形成或者基本粒子的本质）。在随后的演讲过程中，再逐步添加、删除细节资料（如方程式等）。这个例子主要采用黑色背景，所以为了形成最大的反差，上面所显示的材料要呈灰白色。

插入协会或公司的主题图标，作为边框或者徽标显示在每张幻灯片的右下角，很引人注目。避免边框重叠、保持底部徽标清晰可见，是最保险的做法。此外，可以在第一张幻灯片突出显示徽标，其他幻灯片则不放。

颜色对比 DVD-ROM 内容：幻灯片的背景和主题

科技演讲的文本、图表和图解往往会用不同的颜色区分。采用能与幻灯片背景形成强烈对比的颜色，避免出现（偶有发生的）类似白底黄线的例子。DVD 光盘列举了一些例子，但是自己亲自尝试并观察放映效果是非常重要的。红色是非常浓烈的颜色，但是你要考虑到大约 5%~8%的男性是红绿色盲，因此使用这些特殊的颜色要谨慎。

文本

DVD-ROM 内容：字体

必须能在大厅的后面清楚地看到文本与图表——字体大小和对比度很重要。

Sans 字体与 Arial 字体（如 Times New Roman）一样，已被广泛用于各种出版刊物，但是用在幻灯片上就没有这么好的效果了。最大的会议厅至少要用 24 号字体（或标点）才能达到最佳效果，但是一些图表或者参考文献的文字可以小一些。调整文本大小的工作可以在最后的编辑和检查阶段进行。

图片

与文本相比，图片往往能更好地表达复杂的信息——记住一句话"一图抵千言"。不幸的是，许多演讲似乎都由写着千言万语的幻灯片组成，听众不可能在有限的时间内读完这么长的清单。一般情况下，文本幻灯片只是写一些提示语以便演讲者不用照着笔记演讲。在准备演讲的过程中，做到令演讲者和听众都满意，是你将要遇到的最大挑战之一。

> ! 对于通常可能会全部写出来的那些句子，你要学会概括其大意，如果真的有必要，再陆续添加，就像盖房子一样（见下面的"幻灯片过渡"部分）。

要解决在短时间内传递信息这个难题，图片是一个直接的方法，但是与幻灯片设计相似，在易读性、效果及避免讨厌的干扰之间必须找到一个平衡点。高度复杂的图片表明一个系统的物理复杂性，但是避免说这样的话："你不可能读完这些内容，所以我要切换到下一张幻灯片了"；这会使幻灯片的内容显得不得要领。

! 每页幻灯片都用一个标题来概括想表达的信息。

有时候非科学性图片可以表明一种看法，或者仅仅是在演讲过程中插入一个预先设计好的中断。在致谢的幻灯片上加入一张演讲者学会或他/她同事的照片能给人深刻的印象，就像一个幽默（但相关的）的动画片，不过假如加入动画片的话，要留出足够的时间让好笑的部分完全被理解！

我们的一位学员用卡通片来介绍有关显微镜的一些技术。图片显示一个山顶洞人通过一个巨大的显微镜观看——像小装置底下装着一个庞然大物一样。标题写着"我想它是一个庞然大物！"在让听众轻松的同时，这张图片巧妙地引入了主题。

图表和表格　　DVD-ROM 内容：数字，表格和图片

许多科学演讲与实验室获得的实验数据有关。听众并不是在看论文（或者审稿），除了关键点之外，他们没有时间去理解其他内容。只有当文本清晰易读、关键信息非常突出时，比方说关键信息用不同的颜色表示，表格才能起

效的。除了发表论文以外，很长的表格并没有好处——用图表或表格代替数据。表格必须清晰易读，清楚地标明所有轴线和标题。图表类型取决于数据和实验设计，不过通常柱状图和饼图的信息量非常丰富。不要在同一张幻灯片中同时显示 2 个以上的图表，要抵制住这种诱惑；用后续的幻灯片代替。

动画 DVD-ROM 内容：构建，过渡和动画效果

科学概念很难快速表达清楚，即使面对的听众是一个专家；要实现这个目标，只要有理由或者不要做得太过分，动画图片或电影是一种非常强大的方法。动画利用图片元素逐步建造复杂的系统或通路，非常管用。点击鼠标能让关系图逐渐形成，或者也可以设置成自动运行。

仔细检查动画效果，在会议或研讨会提供的电脑上运行该文档，做好设备出现故障，没有动画效果的准备。

幻灯片过渡 DVD-ROM 内容：构建，过渡和动画效果

准备从一张幻灯片向另外一张幻灯片的平稳过渡。许多过渡方式可供使用（溶解过渡效果很好），但是真正没有引起不和谐效果的好像很少。

文字过多无法一次性介绍时，也可采用过渡效果逐步介绍。

最后编辑与校正

在任何一部电脑上，都可以采用全屏浏览的方式放映幻灯片，完成最后的编辑与校正工作。通常，文本和布局会有较小的改动，动画效果和过渡也一样。

要避免仓促收尾或无法完成演讲，安排好演讲时间至关重要。PowerPoint 有一个功能，可以设置每张幻灯片所需的时间，这样演讲时就能根据这个时间实现同步了。可以使用排练时间这个功能显示每张幻灯片过渡所持续的时间，包括演讲的总时间，也并非不可能。

使用数字投影仪会很有帮助，因为幻灯片放大后看起来会觉得不熟悉。投射后，颜色也可能会出现轻微的色差，所以可能需要在电脑上反复试验、不断摸索来调整。在巨大的会议厅里放映时，幻灯片内容的远景随着屏幕离演讲者的高度和距离而改变。这种现象能使人迷惑，所以如果可能的话，你应该在大厅里迅速地浏览一下演讲内容（可以在开会前的休息期间）。

4 控制紧张情绪

“放松点，你是一位著名的作家——大家都希望你能谈谈你自己。”

© The New Yorker Collection 2001. Willian Haefeli，引自 cartoonbank. com. 保留所有权利。

很多读者会首先阅读这一章。演讲之前感觉紧张的现象普遍存在，不仅会令演讲者苦恼，而且会破坏一场精心准备的演讲，这是个大难题。本章将介绍紧张的表现和隐藏它的方法，积极、有效地利用肾上腺素。

紧张

> ! “紧张是肯定的，因为它显示出你的专心和蓄势待发，但是，你必须得控制神经紧张，而不是让它们控制你。”——皮耶路易吉·科利纳（足球世界杯总决赛裁判）

我们都曾有这样的经历：心脏怦怦地跳，胸廓几乎不能控制它，口干，手心出汗，感觉头部就像要爆炸一样。这些都与在他人面前表演有关，科学演讲也不例外。真实的情况是你总是在演讲之前感到紧张，无论是在婚礼上致辞，还是在给科学家同道们所做的研讨会上。

紧张意味着即将要做的事情非常重要。比如，当你和朋友在电话里交谈或在餐厅点餐的时候，你（通常）不会出现这种状况。你可以把紧张转变成你的优势，从而产生一阵兴奋推动你前进。所有的问题都归结于如何隐藏和控制它们。

我们为什么会紧张?

了解你为什么紧张是控制这种心理状态的第一步。参加我们课程班学习的学员给出的所有原因几乎都与其他人的评价有关。大家不希望自己看起来很傻，不想欺骗自己，或者对演讲最后的提问无言以对。真正的恐惧是害怕同事和上司的评价。其他紧张不安的原因与行为表现有关：担心语塞词穷，在规定的时间内没有足够的信息资料可表达，感觉工作还做不到位，不喜欢成为公众瞩目的焦点。再加上害怕失败和陌生，心跳不加快才怪！

紧张不安的表现

紧张不安有许多表现方式，你往往不知道它如何影响你的声音和身体。在我们的实践演讲会上，发言过程都会被录像，然后重播录像带，这时演讲者能真实地看到他们是如何表现自己的。从中反映出大多数人不太擅长掩饰演讲中的瑕疵。许多人之前从未意识到他们有紧张的表现，例如，紧张地傻笑或总喜欢向上看，不过，看完这些证据之后他们就能采取一些措施。

下面这些表现，并非所有人都出现，但是以下每一种“紧张习惯”都曾发生在身份各不相同的演讲者身上（如校长、政治家）。

脚

- 不断踏步的脚尖
- 前脚掌来回摇摆
- 从两只脚之间变换重心
- 在房间里或舞台上来回踱步
- 两脚踝交叉
- 脚底发软、打滑

手

- 在身体前，紧紧握住，十指紧扣
- 多动，如扭转戒指
- 紧紧地握住讲台
- 把口袋里的硬币弄得发出叮当声

- 手在口袋里拍打以至于口袋看起来像企鹅的翅膀
- 不停地把眼镜往后推
- 不断用手整理头发
- 胸前防卫性的两手交叉
- 喜欢不断挥舞手臂
- 两手叉腰

声音

- 许多“嗯”和“啊”
- 语言含糊
- 语速飞快、没有停顿
- 声音发抖
- 声音过响
- 口干
- 由于呼吸浅，讲话喘不过气来
- 紧张地傻笑

眼睛

- 眼睛盯着地板或天花板
- 逃避所有的目光接触
- 凝视听众中的某个成员
- 空洞地注视，就像小兔子愣在车头灯前

上面罗列的这么多紧张特性都很常见。但是如果你显得紧张不安，那么对你和你的听众都没有什么好处。你的紧张不安会吸引听众的注意力，使他们无法把精力集中在你所讲的内容上。事实上，你的确会紧张，不过，只要你朝着正确的方向引导紧张，它也未必就是一件坏事。

一个记者写了一段关于一位政治家在大会上发言的表现：

> 这位妇女只是无法控制她的双手。当她的手划着大圈、直线或小圈时，根本不可能把注意力集中在她关于货币同盟对经济影响的观点上。有时候，她把双手插入口袋，但是即使这样，两只手也能战胜她，她最后拍动着她的夹克衫，就像一只小鸟。

如何控制紧张情绪？

有一些简单、实用的措施能用来控制紧张情绪，都与掌控有关。

控制你的呼吸

DVD-ROM 演讲范例：幻灯片 3、4、8、9

深吸一口气然后慢慢呼气。感受一下是否已经觉得更镇定、更集中。没有必要一直深呼吸——事实上那样做会显得不自然——但是在演讲开始前做几次良好的深呼吸将有助于减少心脏对胸壁的撞击。也有助于大脑的供氧，并在开始演讲时让兴奋感发挥积极作用。

适当的呼吸对声音的影响也是显而易见的：声音不会发抖，你的话将有足够的气息来支持。如果你的声音有变高的倾向，深呼吸能马上降低音高。良好的深呼吸意味着两肺能获得更多的空气。当害怕或紧张时，人们的呼吸往往变浅，加快气体的摄取量，这样的呼吸方式气体仅仅到达锁骨。在这种呼吸模式下演讲，就无法很好地讲话，所有的话都会以起伏不定和断音的方式说出来。这样会让听众很不满意。所以，要有意识地深呼吸，它就像把水槽填满，而不是在空的情况下试着讲话。

控制你的身体

DVD-ROM 演讲范例：幻灯片 1、2、3、4、10、11

脚

站立时让重心均匀地分布在两条腿上，就能解决所有与脚有关的问题。假设你要作 20 分钟左右的演讲，这样做能形成舒适的站姿，对背部也有好处。重心稳定让你显得稳重和有权威感，这正是演讲想要的效果。

手

控制手最简单的方法是让它们轻松地放在身体的两侧或背后。这并非意味着两只手始终要放在那里，因为你很可能要在电脑上操作影像，拿着指示器或者用手势说明某些事。你只要记住让你的手回归在“中立”位（即在你的两侧或你的背后）。同样是把手放在口袋里，一些演讲者看起来很自然，而另一些人则显得草率和无礼。现在，花点时间在镜子前面好好照照自己，评判一下你给人的印象如何。

眼神交会的重要性

DVD-ROM 演讲范例：幻灯片 1、2、5、12、13、14

不能高估眼神交会的重要性。记住，你不是广播节目，也不是教科书，你有听众——当你承认它的存在时，一切都会变得更好。扫视一下你的听众，不管是会议室里的4位听众还是国际会议厅里的200位听众。如果你不喜欢直视某人的眼睛，你也可以看他们的额头。也能达到和真正的眼神交会一样的效果。不要凝视一个人，不过在意见一致时，他们可能会友好地微笑或点头。被你凝视的人可能会感到局促，不过也要考虑到所有其他人，他们会觉得你不想与他们交流。

下面的表格总结了控制紧张最重要的方法。也可以看DVD光盘里的范例，是关于演讲者流露出一些紧张的特征后，立即控制它们。

呼吸	关键是在开始演讲之前深呼吸几次
眼睛	扫视听众并让眼神交会
脚	改善姿态、站立时重心均匀分布
双手	控制你的双手，把它们放在身体的两侧或背后
双臂	避免在胸前交叉双臂——这样看起来像在自卫，让人觉得你好斗，而且也妨碍有效的呼吸
声音	发言前先做几次深呼吸，从而控制声音的颤动，音高和发声急促
口干	想一些让你垂涎的东西

太厌倦所以不想讲?

DVD-ROM 演讲范例：幻灯片 1、2

这是紧张的另一种形式，它不同于上面我们所描述的那些情况。当演讲者过分担心演讲内容时，他们会显得无趣和松散，而且看起来似乎完全没有交流的兴趣。声音平淡乏味，似乎在他们的研究中没有任何能让他们兴奋的东西。给人的总体印象是根本不在乎。我们知道这并不是事实，是紧张在作祟。稳定你的呼吸、姿态和眼神交会都有一定的帮助，阅读“声音”一章和 DVD 光盘里相关的材料对你也会有所帮助。当然，或许你真的厌倦了你的材料，可能是因为相同的演讲内容已经讲了很多次；但是，即便真的如此，你必须克服这种厌倦，让自己变得更专业。

微笑的重要性

DVD-ROM 演讲范例：幻灯片 1、2、10、11

与听众和谐相处能营造良好的气氛。必须在演讲一开始就建立起这种气氛。在你开始说第一个字之前，你就应该微笑。不是甜美的、虚假的、露齿的笑，而是表达你很荣幸站在这里、很高兴与听众分享信息的一个微笑。微笑可能是你最不想做的一件事情，但是要强迫你自己：如果你微笑了，听众将会获得所有暗示你是一个自信迷人的演讲者的信号。

沟通永远是双向的。或许你一直在讲话（除了提问时间），但是你仍然可以感受到听众的情绪和他们对你的反应。如果有必要的话，为了让他们保持专心听讲，请调整你的演讲风格。

开场

在会议或研讨会上开始演讲时，我们强烈建议你记住自己的开场白——把注意力集中在开场白，你就不会胡思乱想了。开场白的实际内容会随着环境不同而改变。例如：你可能会介绍你自己和你所代表的组织，除非已经有人为你代劳了。有时候温和幽默的评论能打破沉默——比如你去旅行，在目的地发生了一些有意义的事情，你可以就此发表一下评论。如果围绕这个主题听众已经听了一系列演讲的话，你应该把你的内容与主题联系起来："你们已经得知了 X 在 Y 里的作用，下面我将进一步探讨 Z 的作用。"

依靠死记硬背记住 20 分钟的演讲内容是不切实际的，因为这样做会使人觉得太夸张和太勉强。别忘了，你正在使用影像资料，它可以提供下一部分的线索。只要知道演讲的大体方向即可，不需要记得一清二楚。

想象这种方法对有些人很管用，但是其他人却根本看不到它的好处。设想你演讲的场所，想象你自己正站在董事会的桌子旁边或正走向演讲台，这样做有助于你准备；想象自信的姿势和开场时的微笑；想象你所用的幻灯片和激光笔；想象你自己操作计算机来切换影像图片；想象听众提问的情景。事实上，想象恰恰是另 种准备、排练和不为新经历而担忧的方法，如果想象对你来说有效，那是非常好的。如果它让你觉得更紧张，那么坚持本章所介绍的另一个实用性的建议。

如果你的演讲属于会议一系列演讲中的一部分，那么在你演讲之前向其他演讲者提问会有一定的帮助。因为提问需要你大声说话，所以能让听众注意到你的声音，这个声音他们即将从演讲台上听到。这是在演讲前消除焦虑的一个方法，非常有效，只要所提的是相关的问题即可。

让你开始

- 自信的站姿
- 微笑
- 记住开场白

练习呼吸与放松 DVD-ROM 练习：幻灯片 1、2

深呼吸

- 将手放在胸廓上方
- 现在吸气并感受胸廓扩张
- 慢慢呼气，然后重复

帮助你放松

- 模仿打哈欠
- 耸耸你的肩膀尽量靠近你的耳朵
- 握紧你的拳头
- 放松你的肩膀和拳头
- 重复

其他简单的放松练习

- 牢牢抓住、松开你的臀部
- 揉揉你的脸并放松
- 左右动动你的下巴
- 挥动你的手臂和双手
- 向后转动肩膀然后向前

隐藏和控制紧张的实用策略

这里有许多策略：一些策略要求你审视自己，思考哪些方面需要隐藏。其他策略要求你思考你给听众的第一印象。如果能给自己录像并分析各种表现，那将会有很大的帮助，我们确信很快会有改变。在许多会议中，年轻的科学家采纳了我们的建议，他们在录像里看起来很自信，一切都在他们的掌握中，然而之前他们看起来并不像一个演讲者。说真的，大部分人内心仍然感到非常紧张，但是他们明白演讲的任务，知道不能让紧张表现出来。

5 声音

“嘿，任何时候我都能听出你鸭子般尖锐的声音。”

© The New Yorker Collection 1998. Charles Barsotti，引自 cartoonbank. com. 保留所有权利。

演讲者声音单调将诱发听众的厌烦情绪，不管演讲资料多么令人感兴趣。本章内容涉及声音的调整，包括音量、音调及语速的运用。我们论述了停顿和强调的价值，以及当你词穷时要做些什么。还有一些练习有助于让你的声音变得清晰、富有变化。

声音

DVD-ROM 演讲范例：幻灯片 1、2、3、4、8、9、15、16

我们大多数人都能公正地看待自己的仪表。我们在镜子里看自己，用护照的照片创建旅游文档，用照片记录最愉快的瞬间。或许会在大型购物中心的摄像机前瞥见自己，但是很少有人了解自己是如何发声的。听到自己的声音比看到自己的长相更让人震惊。

你如何形容你的声音：它低沉、高调，尖锐，带着喘息声或者像扬声器？你真的听过？你有足够的气息来说完稍长的句子还是讲话短促、断断续续？你是否仍然有自然平和的声音轻轻收尾？你是否拥有耐听的声音？或者坦白地说，这有点难，试着客观地倾听你的声音。当你从活泼、自然地与朋友交谈转变成一个孤僻的说话者时，奇怪的事情发生了。自然的节奏和热情会消失，你的声音听起来单调、无趣、仓促，好像在念所有的东西。

本书的精髓是实用性，旨在帮助你充分利用沟通技巧。通常，我们讲话不会存在生理障碍，我们只是无法充分有效地运用我们所拥有的能力。改变你的声音是完全有可能的。想想那些能磨灭所有口音的人，就像演员们能让我们相信他们是苏格兰人、德克萨斯州人或者伦敦人。本书专门针对科学家，对声音关注扩展至如何将它运用于你的演讲——让它“适应目的”。

必须能被听到

声音必须能被听到，这是首要的一点。如果你所说的东西没有人能听到，那么演讲就没有什么要点了。许多人声音小、轻，是由于没有运用正确的方式呼吸。在正式场合，当演讲者挣扎着用逐渐减弱的微弱呼吸发音时，几乎都有换气过度的危险。我们又重新回到良好呼吸的重要性这个问题上了。对听众来说，声音过响可能听着很不舒服。所以，黄金法则是足够响。

说话含糊不清

许多人说话含糊，言语表达不清晰。虽然在非正式会议上没有什么关系，但是其后果与声音没有被听到差不多。造成这种糟糕演讲的常见原因是人们没有充分地张开他们的嘴，他们没有把一个词的所有辅音都发出来，最后，声音慢慢地减弱。如果你觉得你也是这种情况，那么请参考本章后面的练习。这些练习是声音的一种“迷你锻炼”，它们能从身体上预热你的声音并加强肌肉的协调能力。

很多词汇在科学研究领域以外很少被用到，但是科学家们却用得着。在一场为时 6 分钟的演讲表达技巧会中，出现了下列词汇：洗脱、吸附、挤出、同源染色体、蛋白组学、解吸、基因组、显效剂。

我们注意到在玩“拼字游戏”时，科学家在推敲词语方面有一定的优势，除此之外，演讲者在讲这些词语时往往发音仓促，一带而过。我们必须不断地练习，以便发好这些专业词汇的每个音节。如果这些词汇是书面文献的一部分，它们可能会被加亮标记。同样，有意识地发好这些音也不失为一个好主意。

避免无聊

声音就像乐器，它能被调节和演奏。增加声音的多样性也很容易。在此，有一些方法能达到这个目的：

> ! “如果不能让人摇摆，那她（爵士乐）将一无是处。”——艾灵顿公爵

音高

音高是指说话的声音偏高或偏低，是有关你的声音定位在哪里。尖锐的声音必然会引起人们的关注，但是听起来却让人不舒服；而低沉的声音通常与权威性相联系，但是可能会令人困倦。想要找到最自然的音高，你只需要低声发哼，然后有意识地改变音高，为你的声音添加一点音乐。不喜欢公开演讲的人会紧张到脖子，会引起声带变硬，使演讲者的声音听起来死板、有窒息感。如果你也出现了这种情况，那么你需要正确地呼吸，并有意识地努力降低你的音高。

语气

语气事关声音如何给你的语言润色。你的声音听起来可以是亲切的、动人的、尖锐的、抚慰的、焦虑的、有说服力的、狡猾的或专横的等，这些都能通过你的声音表达出来。体验一下语气。试着用上面列举的所有语气说“是的”这个词。

发“是的”这个音

- 亲切地
- 同情地
- 尖锐地
- 抚慰地
- 焦虑地
- 令人信服地
- 狡猾地
- 专横地

音量

很显然你能让声音变得更温柔或更响亮。在科学演讲中，大喊大叫和低声细语这两种极端都不是很有用。在此，我们并非要讨论用正确的呼吸来校正“低的、害羞的”声音。而是在讨论有意识地去调高音量或者调低音量。合理地改变音量能避免声音变得单调和令人厌烦。如果你认为你可能存在音量过高的问题，那么让你的朋友听你讲话，并让他诚实地告诉你。“响亮却令人讨厌”这个说法并非只是空穴来风！

所需音量的大小取决于演讲房间的大小和麦克风的性能。5、6个人的内部发言和在拥有200位听众的酒店多功能厅发言有着很大的不同。许多人认为他们的声音无法让现场的200位听众都听清楚，于是他们产生了无法对付的恐慌。不管是什么场合，我们的准则是对着最后一排听众说话，不管是两排、十排还是三十排。为后面的听众考虑，你的声音就能被所有人听到。

语速

你可以讲得更快，也可以讲得更慢，通过改变语速你可以让声音富有变化。你应该以力求演讲速度令人舒适为目标，然后再有意识地改变你进度。故意慢慢讲 20 分钟的演讲者会让所有人讨厌，听众将会停止聆听。而一个紧张的演讲者，为了尽快做完演讲，他会把所有话都连在一起讲，甚至没有停下来喘一口气。听众不可能长时间听下去。“detailedexaminationoftheresultsoftheexperimentsshow…”这种书写形式似乎看不出句子的含义，同样，用这种方式说的话，也毫无意义。不过，一两个词语加速能提醒听众，让他们感觉到这是一个重点。这种尝试要有节制。

强调

从头到尾再看一遍你的演讲，就像用彩色的荧光笔划课文一样，评判一下并自然地强调哪些话会有好处。一旦确定了哪些是重要的语句之后，不管是科学的还是非科学的，请务必在表达时加强重音。尝试下面的内容：

“彼得的儿子不在工作”。说这个句子时，对某个特定的词语进行适当的强调，以得到以下各种不同的意思。

- 不是保罗的儿子
- 不是他的父亲
- 这是一个事实
- 彼得很懒

热情

声音能传达热情，这是最重要的。对一个演讲者来说，没有什么比享受做课题的乐趣、传达课题信息更让人满足的了。一些演讲者，他们热爱他们的学科，对他们的研究成果着迷，但是或许是因为紧张，我们往往听到的是缺乏热情的演讲。你唯一需要做的是满腔热情地想一想你的声音所要表达的内容就可以了。

停顿　　DVD-ROM 演讲范例：幻灯片 5、8、9

不要低估停顿的价值，因为它让听众有时间接纳你提供的信息。由于科学演讲的信息量巨大，因此停顿与科学演讲息息相关。对于其他形式的公开演讲，停顿可以制造喜剧效果：它是创造喜剧契机的基础；停顿也起到引人注目的效果：想一想伟大政治家的雄辩。许多演讲者厌恶沉默，厌恶停顿，停顿意味着他们断了思路。再多看一次你的材料，明确一下演讲的方向或主旨在哪里发生了改变。这些改变都需要一个停顿，而且可能是一个相当长的停顿。短语“一条密西西比河，两条密西西比河，三条密西西比河”需要三秒钟说完，它是一个众所周知的倒计时方法。所以当需要一个停顿时，你可以在脑海中默念（你有一个好榜样：约翰·韦恩，一个美国演员，据说他就曾用过这个技巧）。你可以想一个你自己的“停顿线”——或许可以是“一个配体，两个配体、三个配体”？

! “恰当的言辞可能是有效的，但是作为一个恰当时机的停顿，不说话也同样有效。”——马克·吐温（小说家和幽默大师）

写下演讲内容的一段或两段话，划出你认为需要强调的词语，标记出你认为需要停顿的地方。这是一个很好的练习方法。例如：

! 脂质包含了许多种不同的分子［停顿］并在某种程度上涵盖了相对非水溶性化合物或生物起源的非极性化合物，包括蜡［停顿］、脂肪酸［停顿］、脂肪酸衍生的磷脂［停顿］、神经鞘脂［停顿］、糖脂和萜类化合物（例如维甲酸类和类固醇类）［停顿］。一些脂类是线性脂肪分子，而另一些则含有环形结构［停顿］。一些是芳香族的，而另一些则不是。一些可塑性强，而另一些则是刚性的。

词穷

没有经验的演讲者最担心词穷，有时候这能解释你为什么不愿意停顿。你担心假如停下来，你可能无法再开始。在演讲的任何时候，我们每个人都有可能发生这种情况，但是这不是世界末日，听众不知道你已经词穷，除非你让他们知道。对于听众而言，这似乎就是一个停顿，是为了让他们有时间理解你所讲的内容。

深呼吸

深呼吸有助于将氧气送到大脑，能帮助你重新掌控一切。影像辅助材料会为你提供线索，只要你不惊慌，一切都会很顺利。

永远不要道歉

听众无法解读你的思想。他们不知道你演讲的顺序。永远不要说“对不起，我忘了刚才讲到哪里了，我的思路断了，对不起，我想我把顺序弄乱了。”

演讲的目标是让人们聆听，不仅仅是听你在说什么，还听你怎么说。用听得见、听得清、富有变化的声音帮助你的听众聆听。现在，是时候用录音带录下你自己的声音了，回放录音带，听听你的声音怎么样。根据上述建议，看看是否还需要做些调整。试着做一下下列练习。记住将你对工作和研究的热情传递给那些来听你演讲的人们。

声音练习 DVD-ROM 练习：幻灯片 3、4、5、6、7

关于声音练习，已有完整的课程和数不尽的书籍。我们把对你有用的、有助于科学演讲的练习挑选出来。但是，我们的目的不是创造一个声音能在一周内传递“李尔王”的声音 8 次。没有什么练习能让你躺在地板上或者嘴里塞一个软木塞后说话。这么说可能夸大了你的需要，也许会吓到你！所有练习都有助于让声音更清楚、更富有变化，这些练习适合在家里做，而不是在演讲之前。

- 努力练习元音，它有助于让声音更清楚

  a，e，i，o，u

  用升调说每一个元音

  用降调说每一个元音

  用先升后降的音调说每一个元音

  用先降后升的音调说每一个元音

- 张大你的嘴

  发元音 a，e，i，o，u，当你发每一个音的时候，请张大嘴巴

- 找准你的音高

  通过说“mmm”找出你的自然音高

  当你觉得自己的声音逐渐走高时，这样做会很有帮助

  它能帮助你放松紧张的颈部肌肉

- 改善音高

  重复说几次下面的内容，根据你是否需要让声音更高或更低，改变你的音高：

  “我能让我的声音越来越响或越来越低。”

! 绕口令

利用你的嘴和嗓音

在你感觉崩溃之前，尽可能快、尽可能多地重复下面的内容：

Peggy Babcock

Red lorry，yellow lorry

The tip of the tongue，the teeth and the lips

A proper cup of coffee in a copper coffee pot

She sells sea shells on the sea shore

Round the ragged rocks the ragged rascal ran.

6 演讲风格

“虽然学富五车，但却无从着手。”

© The New Yorker Collection 1987. James Stevenson，引自 cartoonbank. com. 保留所有权利。

本章将有助于培养及加强个人演讲风格的形成。无论你再怎么努力，你也不可能完全拥有某人的演讲风格。虽然你很仰慕某个演讲者，但是最好的方式是展现出自己的风格，有自己的特点与个性。如果你自身个性比较内敛、安静，那就不要选择张扬、喧闹的方式来展现自己。下面，我们将讨论不同的站姿、手势以及幽默的运用所带来的效果，同时也将讨论在演讲中如何使用麦克风与激光笔为你的演讲增添色彩。

> “实际上，每个人总会准备三种类型的演讲稿：一种是你练习的，一种是你演讲的，另一种是你希望你能演讲的。”——戴尔·卡耐基

如果我们能以泰然处之的态度来对待演讲，就能充分利用我们的音调，展示自信的站姿，并且将与听众有丰富的眼神交流。演讲风格一旦确立，你的演讲也将朝着正确的方向进行。

然而，你还要考虑很多实际情况。你必须控制好所有由紧张而引起的动作（将在第四章节中列出）。如果你狂舞着手臂或不停地在地板上踱来踱去，这也将意味着你的演讲该结束了。但你也不能走向另一极端，如果你站在那里像根木头，那也看起来非常怪异。僵硬的姿势会给听众带来无聊的感觉，所以在一定范围内，你可以适当地走动和运用手势。

站的位置

在演讲的时候，你应该面对听众。你不能面对所展示的图像或挡住你想让听众看到的东西。这听起来很简单，但在无数场合下，我们看到演讲者面对着屏幕或者黑板，挡住了他们希望听众看到的图像，这也透露了演讲者的紧张情绪。在准备演讲的时候，你就应该对幻灯片了如指掌，

而不是在到达演讲厅之后再去研究幻灯片（此时应该明确使用你不熟悉的幻灯片所带来的风险）。看完本书之后，在准备幻灯片的时候，你就应该控制幻灯片的张数。你可以根据幻灯片上的提示进行演讲，而不是一直盯着它们。

如果你想向听众指出某些东西时，你可以站在屏幕的一侧，侧向听众 45 度。如果你是左撇子或右撇子，你可以事先选择好顺手的一侧进行演讲。将双手抱于胸前来指出某点会让你看起来很怪异；同时也意味着你对演讲的内容不是很了解，因为你的身影已经挡住了屏幕。

即使面对很少人，你也应该站着演讲。良好的站姿不仅赋予你控制全局的能力，同时也显得庄重得体。这表明你的演讲是经过深思熟虑的，而非信手拈来的。

站在讲台上演讲并不是一种很好的沟通方式，但这种情况时常发生。此外，当你站在讲台后面时，请不要紧紧抓住讲台的边缘。

英国伦敦国家美术馆经常举行一些关于艺术品的演讲会，而其中很多演讲者会站在画像前面，这成为了讨论的焦点。讨论的内容包括听众看不见画像或者听众听不明白演讲者所讲的内容。即使演讲者非常有名，也不能达到传道解惑的目的。

指示

指示目标是最常见的手势之一。很多年来，我们也见识了不少无用的指示方式：从用一根手指来指点目标（演讲者靠近投影图像时）到挥舞着手臂，犹如被闹钟惊醒一般去指示目标。此外，在做指示手势时，你应该使用跟投影图像同侧的手指来指示。在指示目标时，动作必须持续足够长的时间，以便你的听众能够理解你的目的。一般来说，最好能超过你认为足够长的时间。听众的反应往往会慢几秒，因为他们需要时间来消化刚讲的内容。

激光笔

激光笔是非常有用的工具，但如果使用不当，也会给演讲带来麻烦。长时间不用处于“打开”状态的激光笔，而将其放在手中会引起红色光点快速地闪烁，结果就是你找不到它的位置了。在很多场合下，演讲者不能控制好激光笔，结果使激光笔的晃动产生令人催眠的红圈，这使得听众不能把注意力集中到演讲者所讲的内容上。当你不使用激光笔时，请记住关闭它。否则你会不经意将光束射入听众的眼中——这可不是什么好事。

对于在演讲中不知如何放置双手的人来说，可以采取双手持激光笔的方法，这会看起来很自然。但是要谨记不能用尽全身的力气来抓住它、随意旋转或摆弄它。如果你已经紧张到双手颤抖，并且不能控制好这个小器具，那就干脆不要用它。最重要的一点是要控制好激光笔的使用。

> **!** 控制好激光笔
>
> 用于指示目标时，注意持续足够长的时间
>
> 避免产生红色光圈
>
> 不使用时，记住关闭激光笔。

手势

当你在控制站姿时，不应看起来僵硬得像块木头。一个生动的演讲者总是能利用手势进行很好的沟通，并且把手势的运用和激情高昂的声音都当作生动演讲的一部分。

借助于双手，你可以有无数种方法来帮助你阐述要点，指示目标只是其中的一种方法。好好思考一下你希望表达的意思并看看你能否做出一个形象的比喻来阐述它。

下面是一些我们所见到过的收效良好的手势：

注意的要点	相应的手势
要点的数目	展示相应的手指
强调一个重点	单手握拳以手背击手心
要点之间相联系	互连手指
表现出两者之间的优劣差异	水平举起双手，一高一低
螺旋运动	用手指做出一个螺旋形的手势
波浪运动	用手掌做出一个波浪形的手势
平行、稳定的运动	手平稳地穿过一个假想的平面
平衡两方面的争论	用右手表示一方，左手表示另一方（即词组“一方…另一方”的字面意义）

作为一名伦敦的导游，我已经在成千上万次的场合解说过塔桥是能在中间被开启的。这导致了许多关于如何开启的疑问。有些人认为会把这条路所有的路面作为一个平面举起来，而另一些

人认为这座桥的部分是会晃动着的。对我而言可以用最简单的方法来解释世界著名的桥梁活动结构，这就是手势。开始时双手水平接触，然后双手分开至与水平面垂直，就像桥梁一样。令人吃惊的是，这样一个小小的手势就解决了这么多的提问。

道具的使用

复杂的技术资料可以通过多种方式进行简化来传达其核心信息。在第2章中，我们已经提到了使用比喻的方式来形容熟悉的事件。物理道具可以通过提供三维视图把科学现象呈现给听众，其功能是相当强大的。它们也有助于把听众的注意力集中到演讲者身上而远离幻灯片。

道具当然也可以对听众产生一定的影响。美国一所大学的一位寄生生物学家曾把一罐橡胶蠕虫放在讲台上，然后把一系列与视觉材料相匹配的有关感染的讲义发放给他的学生们。在讲座结束后，他将这些“蠕虫”扔向这些毫无防备的又精神紧张的听众，从而造成了大规模的恐慌场面。在随后的几个月里，学生们去拜访他的时候总是会随身带着这“蠕虫”，这足以证明那次讲座是令人难忘的。

麦克风的使用

“很好！不错，这次我想你的声音可以更加洪亮，以让我听得更清楚点”

© The New Yorker Collection 2001. Pat Byrnes，引自 cartoonbank. com. 保留所有权利。

假如在一个比普通的房间大得多的演讲厅进行演讲，那么你很有可能需要使用麦克风。所以，熟悉各种麦克风的用法是很有必要的。

> ❗ 固定式麦克风
> 手持式麦克风
> 无线麦克风。

固定式麦克风必须安放在一个适当的高度并且与你的脸保持一定的距离。

至关重要的是，在你说话的时候，不要离麦克风太远，因为当你每次转离去看幻灯片时，你的声音将会变弱变轻。

手持式麦克风具有可以让你在讲台上走动的优势，但其也有不足之处，比如你只能使用一只手来切换幻灯片。同样重要的是麦克风应该放在你的下巴或嘴唇下方，以利于声音可以从你的嘴里越过麦克风的顶部而送出去。

无线麦克风（有时也称为领夹式麦克风）有一个发射机，演讲者可将其佩戴在身上。演讲者可将无线麦克风佩戴在颈部或夹在衣服上，并在一定范围内自由地走动。如果你选择了使用该设备，请注意选择合适的衣服，以便佩戴麦克风和发射器。当你要自己动手把麦克风夹在自己的衣领时，请确保你是背对听众的。这样一来，没有人会注意到你的手是在发抖的或者你正在试图把麦克风夹到衣领上。当你准备好之后，把麦克风连接好并打开，再转向听众开始演讲。

无论你使用何种类型的麦克风，在演讲之前先测试一下它，是肯定错不了的。即使做不到这点，你也必须了解房间的配备情况，和技术人员进行适当的交流，确定幻灯片的切换人员，以及选择是否使用激光笔等。

一般而言，靠近麦克风讲话将会传出一种温和的、饱满的声音，而远离麦克风讲话则会传出一种微弱的、悠远的声音。所以，演讲者要对着麦克风清楚地说话，但千万别叫嚷。此外，还要注意不要站在扬声器的下面，因为这可能会导致回音效果。

谨记，麦克风会放大各种声音。因此，当你完成演讲之后，要务必注意你说话的内容。因为，这些内容也有可能会被整个演讲厅的人所听到。

CNN 主播凯拉·菲利普斯有一次在去浴室时，忘掉关闭她的麦克风。不巧的是，她又口无遮拦地说了很多关于其家庭的话语。难道这不会发生在一个科学家身上吗？

幽默

无论是口头上的还是视觉上的幽默，都可使听众更加放松，更加容易接受你说的话。我们不提倡讲笑话，除非你是一个非常有经验的演讲者，并经常“娱乐”你的听众（有时你所演讲的主题不允许此种情况的发生）。然而我们还是坚信，你应该事先看看你的演示内容，在某些地方可以适当地添加一点幽默。前面，我们已经提到过可以在演讲中使用漫画让演讲稍作休息，你在本书中也会看到几个同样的例子。然而无论是怎样的幽默，你都需要有足够的时间来阐述或者表达它，同时也要给听众足够的时间来消化它。

宇宙学家斯蒂芬·霍金就是一个很好的例子。他虽然是一个对科学持有极其严肃的态度的人，但他也乐于以自费的形式出现在“辛普森一家”的电视节目上。他可以同荷马·辛普森边谈论科学边喝啤酒，霍金宣称“你的甜甜圈状的宇宙理论很奇妙啊……我也许会把它偷过来，占为己有。”这里要提到的是，有时谦虚一点可以使听众更加爱戴你，而不会破坏你的权威性。

有时，幽默也会出人意料地出现在演讲当中。某一日本演讲者在演讲时，听到大厅后面有电话铃声在响，他说道：“哈哈，更多的数据来了！”

演讲的开始与结束

一名优秀的演讲者需具备充足的信心和充沛的精力。请记住，当你走上讲台时，你的演讲就开始了，而不是你演讲的时候，它才开始的。请务必确保你给人良好的印象。无论如何你的形象是很重要的，因为人们都是通过你的第一印象来评价你的。除非你已经成为一位知名科学家的时候，你可以以你想要的形象出场。而在此之前，穿着适当的服装出场从而获得自信还是很有必要的。

根据不同的会议你可以选择适当的服装。比如，美国的一些冬季会议往往在滑雪胜地举行。所以，演讲较早结束的演讲者往往穿着滑雪服，以便在演讲后第一时间可以去滑雪。

一名优秀的演讲者会让他的听众知道什么时候演讲将会结束，而非逐渐结束他的演讲。记得要有一个明确的演讲结束时间，并传达给听众“何时结束”的信息。在时间的处理上，你可以参考本书的其他章节。但是，千万不要急忙结束你的演讲。因为，每一位演讲者都可以使用两三个很好的句子来总结其内容。如果剩下的时间不多了，请务必记住阐明你的总结和结论。

演讲的排练

> ! “一个好的即兴演讲通常需要花费 3 周多的时间去准备。”——马克·吐温

永远不要低估排练演讲的作用。当你对演讲还相对缺乏经验的时候，如果只是把你要讲的内容在脑子里想一想并且以为到时一切都会如你所愿，这往往还是不够的。在排练时，你必须大声地说出来。如前所述，你应该借用一台数字投影仪并且把排练当作真正的演讲。此外，你还必须使用传统的方法如时钟或者幻灯片的时钟功能来控制演讲的时间。此外，你也可能想要录制演讲的内容或让一个朋友来旁听。使用此种方法，你会熟悉自己演讲时的声音以及控制好演讲时间。有句格言说：“没有准备就意味着准备要失败。”它可以适用于所有的演讲，包括科学演讲。

知道你演讲的字数是很有用的。许多专业演讲者都知道他们 1 分钟能说 100 个字，而英国广播公司的新闻播音员

平均 1 分钟能说 120 个字。一个很好的经验总结是实际演讲的时间要比你练习的时间多出一半。因此，你在家排练的时候，1000 个字能代表 10 分钟的演讲内容，但在正式场合，则意味着将近 15 分钟的演讲内容。

通过排练，你的演讲可以朝着如下的方向发展下去：

> 不知道自己不胜任
> 知道自己不胜任
> 知道自己胜任
> 不知道自己胜任

最后，请自问一下："我喜欢我自己的演讲内容吗？"如果你喜欢的话，你会全身心地投入到你的演讲中去。如果连你自己都不喜欢的话，也许别人也同样不会喜欢的。

7 科学和英语

"你看起来很面熟，但又有点陌生感。你是加拿大人吗?"

© The New Yorker Collection 2001. Donald Reilly，引自 cartoonbank. com. 保留所有权利。

使用非母语来进行演讲，这是一项很艰巨的任务。本章将指导你通过适当的声音控制和视觉工具来清晰地表述你的演讲。这对于那些以英语为母语的演讲者来说同样有用，尽管他们经常认为他们的英语要比那些非母语的同行说得好。然而，现实却并不一定如此。实际上，来自不同国家和文化背景的非母语的演讲者反而能更容易地相互理解。

> ! “科学语言其实是蹩脚的英语。”——佚名

在21世纪开始，据保守估计能胜任以英语演讲的人数已达15亿人，占据了世界人口的四分之一，以各大洲讲英语的国家为例，其中70多个国家将英语作为官方指定语言。

至于英语为何以及何时成为全球性的语言，以及是否存在经济、政治或文化上的根源，并不在本书的讨论范围内。但在不久的将来，你在演讲的时候最有可能采用的语言将是英语，英语已成为科学语言。例如：毒理学会议将在埃及举行，演讲者来自挪威、新加坡或土耳其，但会议主办方通常将英语作为指定语言。

国际英语经常被指作“海外英语”，即标准英语的修改版。它产生的目的是让来自不同国籍的每个人都能相互听懂。无论是母语还是非母语的演讲者，在他们的演讲中，都必须对语句做相应的修改，以便取得与听众的最大交流效果。

作为一个以英语为母语的人，如果你认为这不适用于你，那么看看下面的例子：韩国航空公司从法国供应商而不是从说英语的国家获得了一

份利润丰厚的飞行模拟器的合同。这是因为这家法国公司的谈判代表能说一口流利的、更容易被韩国人接受的英语。

非母语的影响

本书是很实用的。但是，它不会试图把英语作为一门外语而教你，但它却将给出很多有用的建议，以利于提高演讲的效果。然而，我们深知以非母语来进行演讲将是一项艰巨的任务。

视觉工具的使用

在第2章中，我们已经讲述了关于视觉工具的使用（以幻灯片的形式）。其重点是如何使用文字和图片来补充演讲的内容，但不是喧宾夺主。

如果演讲者的英语词汇和语法有限，那么幻灯片的内容不应拘泥于演讲内容，而应以关键信息为内容。如果可行的话，讲义（经常在演讲的结束的时候发放）是一种能传递信息的好方法。

有时，演讲者浓重的口音能掩盖一个字或者词组的真正意思，因此，最好的方案是把关键字和词组显示出来以便使核心思想明确。

演讲者也可以把幻灯片的张数压缩在一定的范围内以便听众有足够的时间来阅读它。此外，千万别低估幻灯片的颜色和图片对于阐述观点的作用。最后，你还应该特别注意总结、结论幻灯片的明确性和简洁性。

发出一个更清晰的声音

语句的节奏

可能你写的语句完美、语法通顺和选词恰当，但这并不意味着很容易被人听懂。如果你能够很好地表达语句、掌握重音以及语调升降变化，你的耳朵将陶醉于语言的“音乐”中。

掌握语句节奏的一个好方法是积极聆听官方英语。你听得越多，你就会说得越好，虽然我们不期望你说得像英国女王一样。作为英国人，我们推荐大家聆听英国广播公司的新闻公告，这些公告可以通过互联网收音机或电视获取。其他以英语为母语的国家当然也有可以用来代替的节目，但是要注意发音的不同。有些国家的广播英语具有非常浓重的口音，因此难以被以非英语为母语的演讲者（包括他的听众）所理解。

停顿有序

当表达完一个特定的语句之后需要一个停顿，例如一个句子或短语之后。这和语速缓慢是不一样的。实际上，语速缓慢让人听起来有种单调感，有时甚至会让人感到有种傲慢感。

保持句子的简短性

简化句子结构的目的是，避免太多的从句或额外的词组在句子中出现。保持动词的基本时态。在一个新的句子中引入新的思路。

发音

如何正确地发音是学好英语的难点之一，因为有如此多的特殊发音需要掌握。如果你认识一个以英语为母语的人，那么让他聆听你的演讲，然后纠正一些明显的错误发音。发音时注意发出每个辅音，对于一般的谈话是没有必要这样做的，但对于演讲来说，这会令你的发音更加清晰。你的语速也可能因此有所减慢。如果你不张大嘴巴发音，你将不能正确地发音。请尝试一些绕口令（请参阅有关“声音”的章节）。为进一步练习以及获得发音的乐趣，请大声朗读本章末尾的希莱尔·贝洛克的警示故事：“亨利国王”和“微生物”。这将有助于你控制节奏和发音，并促使你张大嘴巴准确发音。

母语的影响

> ! “以英语为母语的人讲的内容往往令外国人费解。”——罗兰·格里贝

对于那些以英语为母语的人，有时他们的问题是他们不相信自己存在语言问题，毕竟英语是他们的母语。以致以英语为母语的人日趋懒惰，因此他们需要重新审视自己对英语的运用及发音。他们往往认为自己的英语要比非母语的同行说得好，而这往往导致了听众的误解。事实上，来自不同国家和文化背景的非母语的演讲者比母语的演讲者往往更容易相互理解。

在一个日本大型汽车公司的欧洲部门业务会议上，来自日本、捷克共和国、德国、英国、法国和意大利的零售商们都用英文来做产品介绍。

在必要时，他们也通过讲词提示装置进行辅助演讲，当某一单词处于阴影状态时，表示该部分是需要强调的，而此时自然地出现重音。而箭头往上则需改变语调。除了一个来自英国的零售商外，所有演讲者都运用语言停顿以及有关的手势清楚地介绍了公司在不同国家的增长势头和发展潜能。该英国人坚信由于他是个以英语为母语的人，所以他能够最好地使用英语。但结果却恰恰相反：由于他的语速太快，而且发音不清，导致他的演讲是最难听懂的，而且在他演讲的时候，听众席中不时有脚步声传出，表明听众明显处于一种烦躁不安的状态。

下面的内容将有助于你检查英语的使用情况，以及了解非母语的人掌握英语的难点。

避免错误的措辞

许多英语单词和短语在外观和声音上与其他语言的文字非常相似，而实际上，这些单词的意思完全不同。你应该注意检查演讲稿，看看哪些词可能出现歧义。例如，在会议中“to table”可以意味着“提出以便进行审议”或“暂停审议”，这主要取决于你是在英国还是美国开会。

避免动词短语

一个动词短语是一个动词和一个助词（通常使用一个介词或一个副词）的组合，其可以使意思发生变化从而产生一个新的动词。这些动词短语在英语中频繁地使用，而对于非母语的人来说却非常难以掌握。这听起来很困难，但你可能在一句话中已经使用了几个动词短语，然而你却不知道正在使用它们。下面的列表仅用一个动词词干就让你意识到什么才是语言学习者最烦恼的。如果可以，尽量选择一个单词而非动词短语，这样不容易引起歧义。

动词短语	替代动词
To put away	To return to the proper place
To put by	To save for later use
To put off	To postpone，delay
To put out	To extinguish
To put over	To convey
To put up with	To tolerate
To put upon	To impose on，to overburden

避免成语故事

成语是一种比喻，往往给语言增加了色彩，但容易导致难以理解，甚至严重的误解。我们应该合理自觉地避免使用某一个你知道的，但不会被本土以外的人所理解的短语。

下面有几个成语例子，如果从逻辑观点来看，而非从语言角度，其含义是非常令人费解的：

To beat about the bush

By the skin of one's teeth

To cost an arm and a leg

To hit the ground running

To keep one's nose to the grindstone

To paper over the cracks

虽然英语是一种多姿多彩的且惯用的语言，但给讲不同语言的听众做科学专题演讲时，最好保持演讲的简洁明了。

发音练习

尽可能清晰地朗诵下列的句子，并且品味诗文的乐趣。

亨利国王

The chief defect of Henry King
Was chewing little bits of string
At last he swallowed some which tied
Itself in ugly knots inside
Physicians of the utmost fame
Were called at once; but when they came
They answered, as they took their fees
"There is no cure for this disease."
"Henry will very soon be dead."
His parents stood about his bed
Lamenting his untimely death
When Henry, with his latest breath
Cried, "Oh, my friends, be warned by me
That breakfast, dinner, lunch, and tea
Are all the human frame requires…"
With that, the wretched child expires.

微生物

The microbe is so very small
You cannot make him out at all
But many sanguine people hope
to see him through a microscope
His jointed tongue that lies beneath
A hundred curious rows of teeth
His seven tufted tails with lots
of lovely pink and purple spots,
On each of which a pattern stands
Composed of forty separate bands
His eyebrows of a tender green
All these have never yet been see
But Scientists, who ought to know
Assure us that it must be so…
Oh! Let us never, never doubt
What nobody is sure about!

希莱尔·贝洛克

8 处理提问

“那是个预先准备的好问题，但在我给出答案之前，

我想用一个我熟悉的笑话来缓和在座诸位的紧张情绪。”

© The New Yorker Collection 2000. Alex Gregory，引自 cartoonbank. com. 保留所有权利。

通常，精神紧张的演讲者在被提问时会更加紧张，而且他们会不喜欢这些问题。本章将对何时接受听众的提问提供确实可行的帮助，并确保你的答案已被听众所听到，而且还将确保所有听众对你的答案感兴趣。

提问是任何科学演讲的重要组成部分。理想的方法是对一个话题进行延伸，并确保演讲具有互动性。但是，精神紧张的演讲者对于听众的提问也经常感到紧张。请永远记住，你从事的科学研究是你的研究，只有你才能正确地回答演讲中听众所提出的问题。如果你已经准备好，请放轻松（参考前面的章节），再遵循我们关于回答问题的指导，你将发现这是演讲中最令人愉快的一部分。提问和回答其实不该是令人害怕的，而是一个真正机会的来临。

为什么我们喜欢或不喜欢提问？

在举行会议的时候，我们总是询问代表们是否喜欢被提问。得到的答案往往分为“喜欢”或“不喜欢”两种类型。喜欢被提问的人的理由是问题可以指出许多关于演讲者和听众的事，比如：听众正在仔细聆听；他们充分信任演讲者并且要求把话题进行延伸；相信会获得一个有价值的答案。作为一种互动的形式，提问涉及与会的每个人，在给出一个获得大家认可的答案后，演讲者的满足感与自豪感也将得到了极大的提升。

不喜欢被提问的人往往是担心他们会不知道答案，以及不希望在他们的同事面前丢脸。被提问会使他们觉得自己的知识将会受到挑战。但也有其他原因使某些演讲者表示不喜欢被提问。听众的提问可以打断演讲者精心策划的流程或提前对讲稿中的某一点进行深入探讨，这都将导致宝贵时间的流失。此外，有些问题是专门用来迷惑演讲者的，感觉就像一个专家在考验一个初学者，还有些问题是竞争对手在搜集尚未公开的材料。

伦敦大英博物馆曾出版过一本名为《幕后的

故事》的书，其中记载着多年来向咨询台提出的问题清单。其中一些问题确实难以回答：

你们有耶稣出生时的马槽吗？他们怎么知道这是公元前的文物？你们是否还在进行古埃及防毒面具的展览？你们是否有海盗服的针织图案？我想约见一下博物馆的著名考古学家——印第安纳·琼斯。

负责游客服务的伊丽莎白·刘顿说："我一直渴望使新员工留下深刻印象，最大的资产不是一定要知道答案，但要知道在哪里可以找到答案"。

控制提问的时间

通常在演讲结束时，有一个特定的提问时间。因此，很少有人会在你演讲的时候来打断演讲。所以，你可以自行控制提问时间。然而研讨会的情况可能与此不同。尽管它也会为提问保留 10~15 分钟的特定时间。但在演讲中，你可能会被打断。此时，你只能简单地回答一下，除非你接下来会讲到这一问题。如果提问者一直纠缠不休，告诉他们你欢迎他们在演讲之后来咨询。请谨记一点，是你在控制提问的时间。

你担心当你问听众是否有问题时，而出现一片沉寂的景象吗？你可能感觉等待的时间那么久，比实际持续的时间要久得多，像演讲中的一次片刻休息。听众的反应总是落后演讲者几秒钟，他们要消化听到的内容并需要时间去思考。所以，从一个倾听者转变为提问者是需要一点时间的。演讲者要尽量避免看起来烦躁或忧虑，也许根本没有问题。

下面的实用技巧将通过教你一些如何有效地回应提问的能力，帮助你顺利通过提问环节。

解答指南

当被听众提问时，演讲者要看起来对这个问题很感兴趣以及很高兴有此一题。某些演讲者在被听众提问时，看起来很震惊，并且无意识地表现出这种焦虑情绪。

仔细聆听听众的提问，这似乎是显而易见的。但在很多场合下，演讲者往往希望自己听错了，他们不愿听到听众们真正的问题。

重复听众的问题，如果句子短则逐字重复，如果句子长则阐述大意。关于这点是有充分理由的。首先，你要确保在会议上的每个人都听到了这个问题，并都参与进来了。其次，你要确信你听懂了该问题（如果你没有理解的话，提问者可能会再次打断你的话）。最后，你要给自己留一点时间去思考答案。很多时候，一位紧张的演讲者往往会脱口而出说他/她不知道答案，但实际上他/她知道答案。这是因为紧张的情绪控制了一切。如果延迟一会儿，你会发现，你知道这个答案。

简练地回答，或者以你的主题所能允许的简洁方式来回答。避免由这个问题而引出过多的内容。

> **!** 解答指南
>
> 表现出愉悦的情绪
>
> 仔细聆听提问
>
> 重复问题
>
> 简练地回答

预测问题

你认为在演讲中听众将会提出哪些相关的问题？准备演讲也意味着对相关问题的准备。虽然你不可能想到所有的问题，但准备一些可能的问题及其答案也是件耗时的事。

处理难题和提问者

在科学领域里，什么问题会被认为是难题呢？有些问题会打断你的思路或给演讲者带来不便或令人心烦，但却不一定是难题。然而，有些问题听起来好像很无聊或不切主题，但却更加难以应付。卖弄的、无聊的或恶作剧的问题会让你获得更多关于提问者的信息，而那些被认为是挑衅性的、自我的、攻击性的或对抗性的问题在不同的科学家眼里则有不同的看法。

提问者可能表达得不是很清楚或该问题很难使人理解。他们可能只是希望作出发言，而不是提出疑问，或者他们可能只是希望控制演讲的进程。在这些情况下，即使他们有意刁难，也不要让他们感到尴尬。也有可能是提问者没有仔细聆听演讲，而问了个演讲中已解决的问题。如果想提醒提问者你已经解决了这个问题是没有意义的，所以你应该像对待其他问题一样对待这个问题，就是重复一遍该问题并做出回答。这同样适用于那些对你持挑衅态度的人，他们也总是对其他与会者显示出一种挑衅的态度。重复回答相同的问题将会突出他人的挑衅态度，而沉着地回答将会显示出你的高尚品质，听众也将会站在你这边（当然，除非你的演讲过于挑衅）。

如果你觉得竞争对手想通过提问获得未公开的信息或研究数据，你可以以数据尚未公开为由，而拒绝回答该问题。

如果你认为提问者问了个观点狭隘的问题，并且这个问题不会使其他听众感兴趣，此时，你可以提供给提问者一个演讲之后再讨论该问题的机会。同样，最好不要同某个提问者进行单独对话，因为这也可能导致听众失去兴趣。作为一名演讲者，你总是最后一个发言的。你可以在最后一个问题之后，强调演讲的核心内容，通过这种方法你可以让听众记住你演讲的重点。

科学讨论可以相当激烈，但应保持在文明行为的界限之内。但也曾经有两名成功的免疫学家在会议室的讲台上闹得不可开交。读者应参阅关于自我防护的书，以应对这种情形的发生。

当你不知道答案的时候

你最担心的可能是你不知道答案的问题。你可能已经准备得很充分，并对你的材料了如指掌，但有时你真的不知道答案。那么只有一种方法：不要失去冷静，不要惊慌，不要生气或变粗鲁。如果你不知道的话，千万别撒谎。你可以把问题抛给听众，可能有人知道答案，或你可以提供知道答案的人。

对一个问题作出适度的猜测是可以的，但要担些风险。一名导游正带队去温斯顿·丘吉尔爵士的家乡——查特韦尔观光。在庭院里，一种类似大黄叶的植物生长在池塘的一边。导游预计游客会对这些巨大的叶子感到好奇，并且会想知道它的植物学名。她尽力回想它的名字，但她确实不记得了，当有人问到的时候，她说到："它好像是某种草。当你们在房子里游玩的时候，我会为你们找出它的学名。"她在商店询问的时候才知道，该植物的学名是根乃拉草。

问题的类型	采取的行动
耗时的、预先想好的、打断演讲的问题	设置一个提问的时间
不切主题的、不方便的问题	设置一个提问的时间
无聊的、卖弄的、恶作剧的问题	谨记重复问题的意义
竞争对手的问题	你不必提供尚未公开的资料
私人的问题	如果这个问题超越了你的个人底线，你可以礼貌地拒绝

续 表

问题的类型	采取的行动
煽动性的，无礼的问题	谨记重复问题的意义，观众将会站在你这边，并且你没有回答的必要
当你不知道答案的问题	不要勉强作答

9 演讲效果如何

“你的成功是毋庸置疑的。”

© The New Yorker Collection 1990. Mike Twohy，引自 cartoonbank. com. 保留所有权利。

> “所有出色的演讲者都是从糟糕的演讲者‘走来’的。”——拉尔夫·瓦尔多·爱默生

目前，很少有书本以“演讲效果如何”为主题。所有的主题都是围绕着准备演讲以及如何演讲。似乎只要你完成了演讲，

所有的问题就解决了。准备演讲可能需要几个月的时间，而站在台上演讲只需花费几分钟。但我们认为演讲后的评估是至关重要的，因为这将有助于你的下次演讲。

回想一下你的演讲效果如何。如果你觉得这是一次成功的演讲，那么肯定存在如下细节：听众仔细聆听，并通过赞扬或鼓掌来表示欣赏，提出相关问题，茶歇时间的交谈，以及邀请你到别处演讲。

如果你觉得演讲效果不佳，你会注意到听众交头接耳，或打呵欠、睡觉。也许你会注意到听众的反应欠佳，提出的问题也与演讲主题相差甚远。在茶歇时间，也没人来找你，最糟糕的是演讲过程中，有些人选择离开会场。

有些时候，并非是你演讲得不好，而是存在某些特殊因素，比如一些听众来自远方，并且他们的航班延误了，导致了他们的迟到。

回顾幻灯片

幻灯片的张数是否太多？是否所有的幻灯片都有用？是否有幻灯片不能清晰阐述问题？幻灯片中的提示是否是你所需要的？幻灯片的颜色是否合适？采用的字体是否清楚？如果你觉得需要做一些细节上的改动，那么最好立即改动。如果你对其置之不理，那么下次演讲时，你就会忘记这些细节，使你的幻灯片将无益于你的演讲。

时间

你是否觉得时间很紧凑？你的演讲是否会超时并匆匆

结尾？你可以计算演讲需要多长时间并记录下所需时间。考虑一下这么长的时间是否合适或需要改动幻灯片来调整时间长短。谨记要马上进行调整，否则一周后你就会忘掉此事了。

幽默

听众是否理解你的幽默？你是否给予听众足够长的时间来消化你的幽默？听众的反应是否超出了你的预期？

关键信息

是否已经强调了关键信息？是否已经给予足够重视并传达给听众？是否在结尾时再次强调？

问题

对于演讲中提出来的问题要给予足够的重视。之所以有问题可能由于以下原因：

- 演讲的部分内容阐述不清
- 演讲的部分内容过于冗长
- 不合理的争论
- 在有限时间内，无法阐述所有细节

在考虑回答听众所提出的问题时，你会发现答案可能源于你的演讲，或以后的演讲中你可以表达得更加清楚与精确；或这些问题将演讲带入一个新境界，这连演讲者本人也无法预料。回答完问题之后，接下来你可以改变一下演讲所选取的角度，或原来的演讲已经很完善，可以涉猎该主题的其他领域。

会场配备

一切是否按你预期的方向发展？所配备的笔记本电脑、幻灯机、麦克风是否是你所需要的？你是否已经获得了适当的技术支持？演讲开始之前，你是否已经对所有项目都进行了检查？对于下次演讲应该检查的项目是否做到心中有数？

创造机会

熟能生巧，只有经过足够的练习之后，你才不会在讲台上感到紧张。在精心准备好演讲后，你需要做的就是寻找机会来进行演讲。不要等待他人的邀请，应主动制造机会来演讲。

寻求专业帮助

本书的作者定期为科学家们提供量身定做的演讲课程。你只需在相应的网站中输入你的要求就可以获得关于你演讲的客观评价，并能够极大改善你的演讲技巧。课程由 ScienceInform 网站提供。

自我检查清单

请在演讲前最后一分钟，再次检查下列清单中关键要点。

演讲时间长短（幻灯片数量）

- 幻灯片的内容是否混乱或者太复杂
- 幻灯片的背景色以及字体设置
- 动画以及幻灯片切换的正常使用
- 调整声音和呼吸
- 无论是手持式还是领夹式的麦克风，熟悉使用方式
- 谨记标题
- 有意识地控制好由于过于活跃或而引起的身体活动；情况相反时，要注意调动积极性
- 停顿和声音的控制
- 精彩的结尾，致谢（或在开始的时候进行致谢）
- 欢迎提问或重复提问

推 荐 阅 读

关于演讲技巧的书有很多。在此，我们列出几本以供参考。前面，我们已经列举了一些关于科学演讲的书籍，可为演讲提供一些有用的背景资料。在此，我们特别推荐 Vernon Booth 和 Robert Anholt 的书籍。

普通演讲

[1] Jo Billingham. Giving Presentations. Oxford：Oxford University Press，2003.

[2] David Crystal. English as a Global Language. Cambridge：Cambridge University Press，2003.

[3] Patsy McCarthy，Caroline Hatcher. Presentation Skills：The Essential Guide for Students，London：SAGA Publications Ltd，2002.

[4] Anne Nicholls. How to Master Public Speaking. Plymouth：How to Books Ltd，1995.

[5] Cristina Stuart. Speak for Yourself. London：Piatkus Books Ltd，2000.

科学演讲

[1] Robert R H，Anholt. Dazzle 'em with Style. New York：W. H. Freeman and Company，1994.

[2] Vernon Booth. Communicating in Science. Cambridge: Cambridge University Press, 1993.

[3] Scott Morgan, Barrett Whitener. Speaking About Science. Cambridge: Cambridge University Press, 2006.

[4] Eric Walters D, Gale Climenson Walters. Scientists Must Speak. London: Routledge, 2002.

培训公司网站

科学演讲技巧培训公司:

英国公司: ScienceInform Ltd, www.scienceinform.com.

美国公司（华盛顿）: Premiere Public Speaking, www.premierepublicspeaking.com.